아이와 함께
연필로 하는 수학 보드게임

연산 문제 하나 더 빨리 푸는 것보다 골똘히 두뇌 회전 한 번 하는 건 어떤가요?

나의 전략도 중요하지만 상대방의 생각을 추측하는 것은 또 다른 두뇌 회전의 놀이 묘미가 아닐까요?

수학적 사고력의 깊이는 유연하고 다양한 뜻밖의 생각을 떠올리는 데에서 생기지 않을까요?

아이와 함께 연필로 수학 보드게임을 하면서 수학놀이의 재미를 느껴 보시길 !!!!!

연필로하는 수학보드게임 ① 차례

줄 만들기

▶ 공 떨어뜨리기················ 7

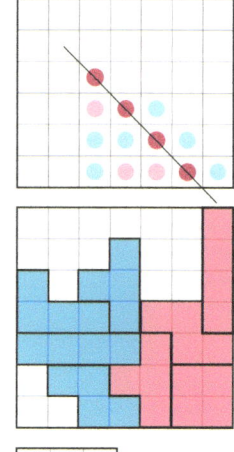

▶ 테트로미노 쌓기············· 19

▶ 틱택토························ 27

▶ 틱택토 안만들기············· 30

▶ 큰 틱택토····················· 34

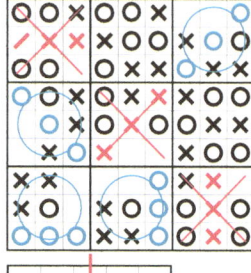

▶ 4줄 만들기··················· 37

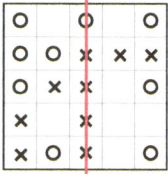

▶ 4줄 안만들기················· 41

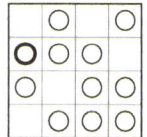

길 건너기

▶ 헥스 ·················· 47

▶ 뜻밖의 함정 ·················· 53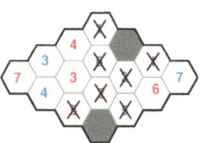

▶ 꼬불꼬불 미로 여행 ·················· 61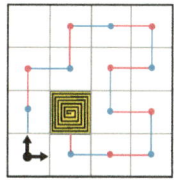

▶ 주전자에 무늬 그리기 ·················· 67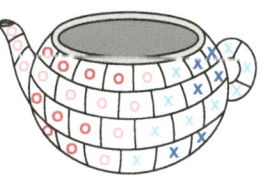

▶ 길 건너기 ·················· 73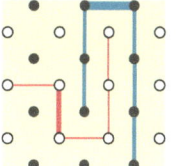

▶ 사선으로 길 건너기 ·················· 79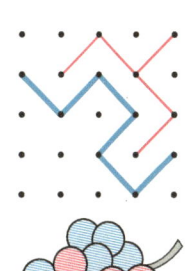

▶ 포도 네 송이 ·················· 85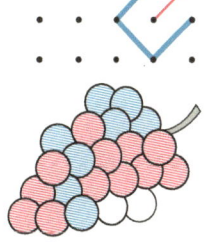

배치하기

▶ 사과 따 먹기 ················· 91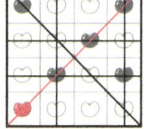

▶ 퀸즈 게임 ······················ 97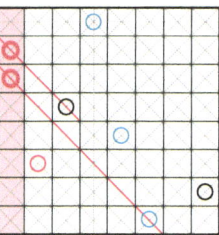

▶ 36명의 장교 게임 ············ 105

▶ 지뢰 제거하기 ················ 111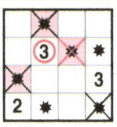

▶ 육각형 지뢰 제거하기 ········ 117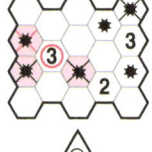

▶ 지뢰 만들기 ···················· 123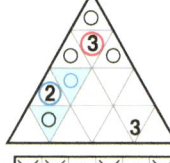

▶ 지뢰 설치하기 ·················· 129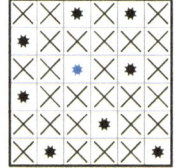

줄 만들기

- ▶ 공 떨어뜨리기
- ▶ 테트로미노 쌓기
- ▶ 틱택토
- ▶ 틱택토 안만들기
- ▶ 큰 틱택토
- ▶ 4줄 만들기
- ▶ 4줄 안만들기

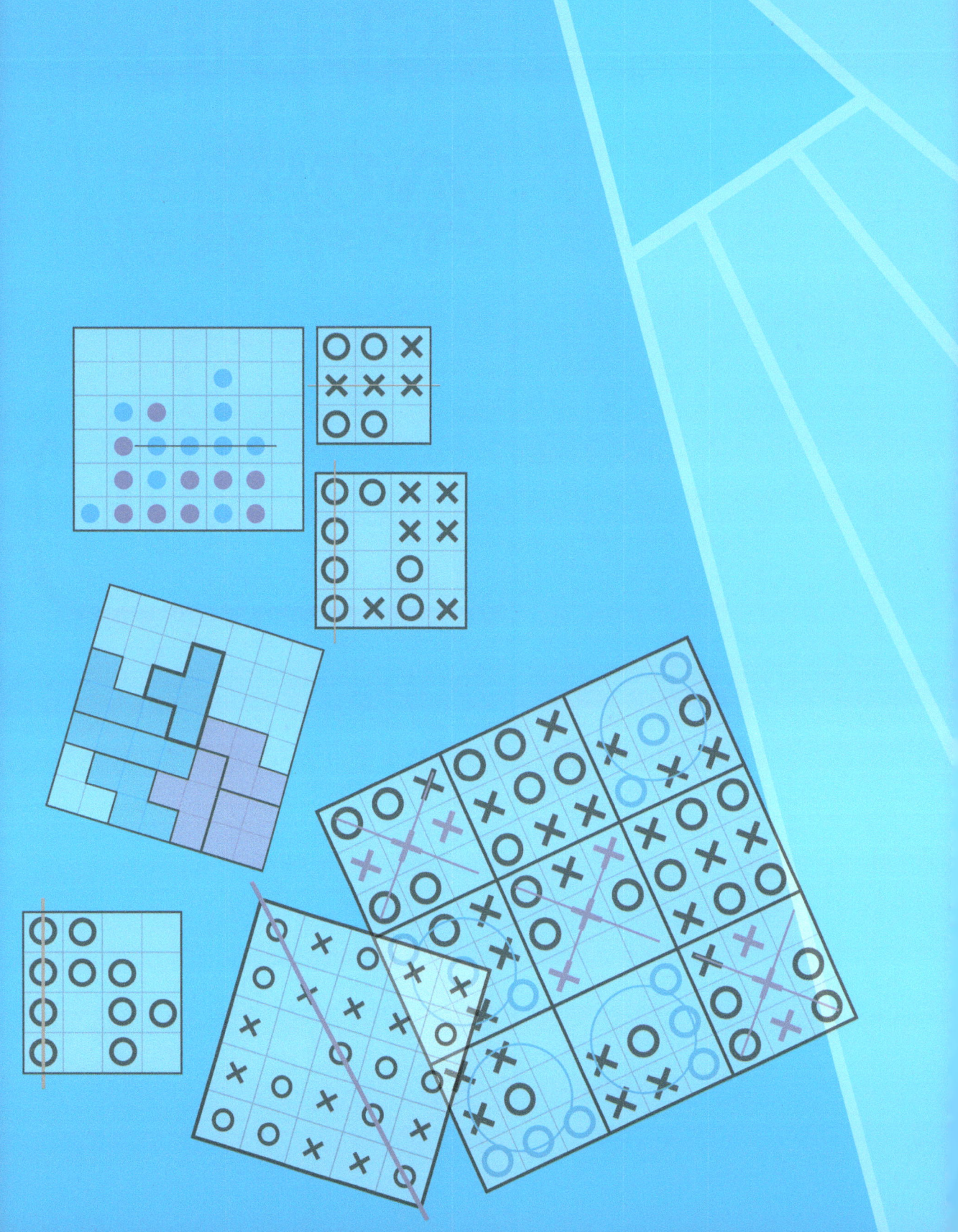

공 떨어뜨리기

놀이목표

가로, 세로, 대각선으로 먼저 연달아 정해진 줄을 만드는 게임이다.

놀이방법

1. 번갈아가며 빈 칸에 서로 다른 색으로 ○ 표를 친다.(O, X로 표시해도 된다.)
2. 가로, 세로, 대각선 중 먼저 연달아 정해진 줄을 만들면 이긴다.

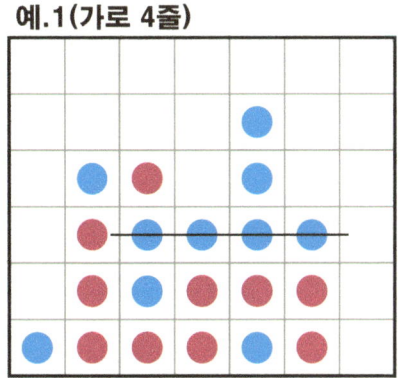
파란색이 가로로 4줄을 만들어 승리!

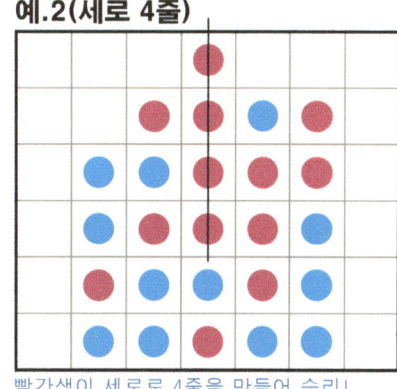
빨간색이 세로로 4줄을 만들어 승리!

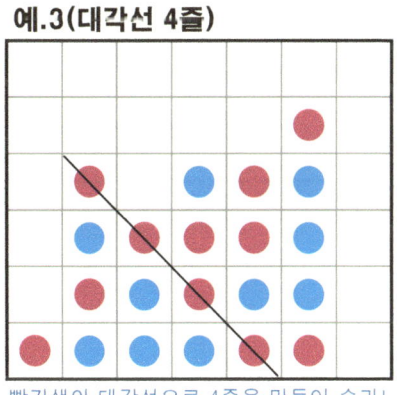
빨간색이 대각선으로 4줄을 만들어 승리!

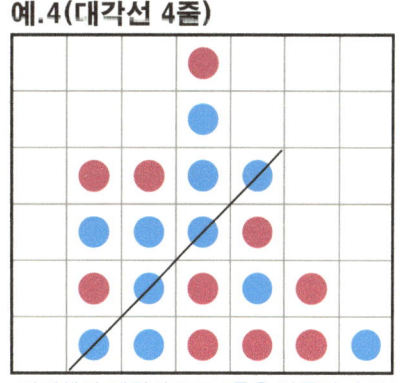
파란색이 대각선으로 4줄을 만들어 승리!

Tip

오래전부터 내려오는 틱택토와 유사한 게임이다.
커넥트포라는 이름으로 여러 가지 실물 게임 상품이 출시되어 있다.

공 떨어뜨리기

놀이규칙

1. 처음 공을 넣을 때는 무조건 맨 아래부터 채워야 한다. 공이 떨어지기 때문에 중간에 공을 넣을 수 없다.

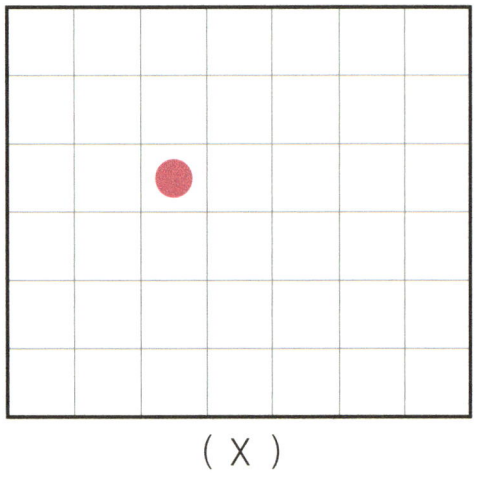
(X)

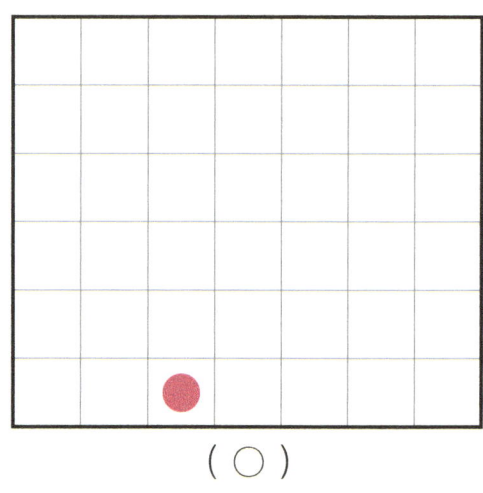
(○)

2. 두번 째 공도 마찬가지로 중간에 공을 넣을 수 없다. 맨 아래층 어느 곳이나 공을 놓을 수 있다.

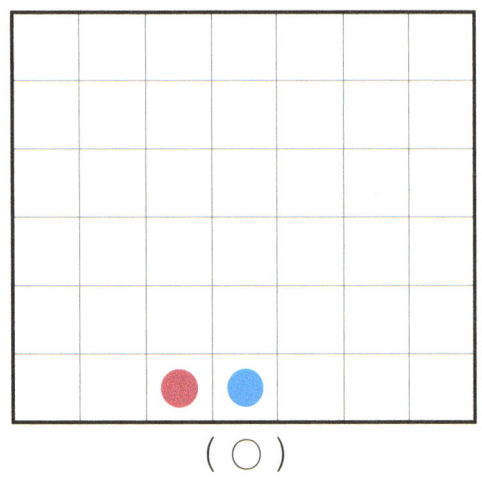
(○)

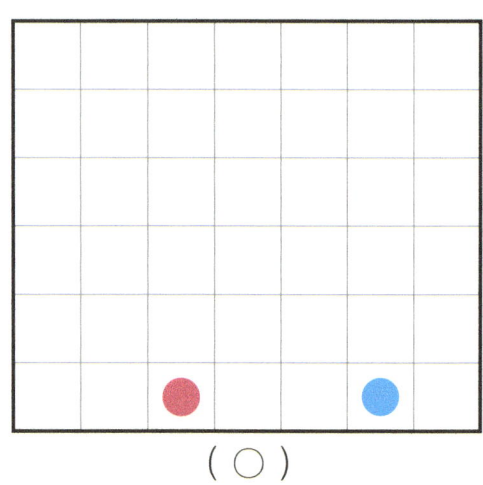
(○)

공 떨어뜨리기

놀이규칙

3. 밑에 공이 있으면 그 위에 공을 놓을 수 있다. 아래 공이 있기 때문에 떨어지지 않는다.

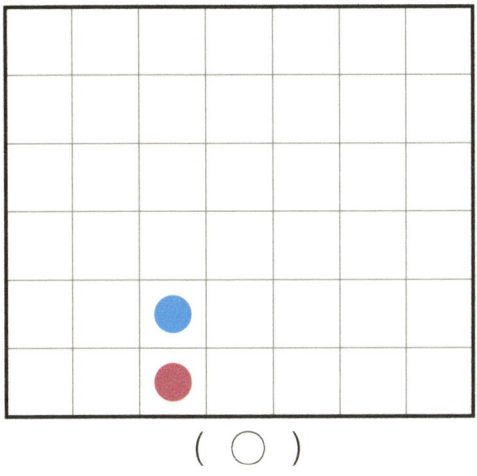
(○)

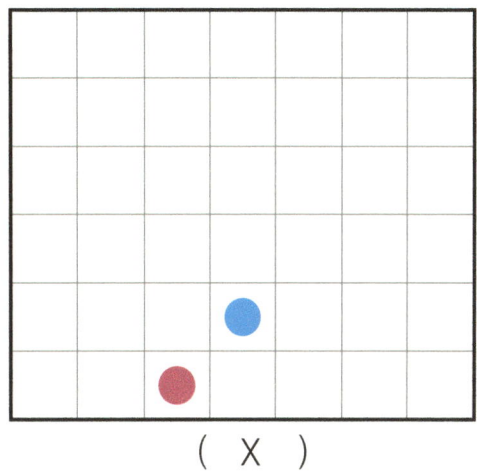
(X)

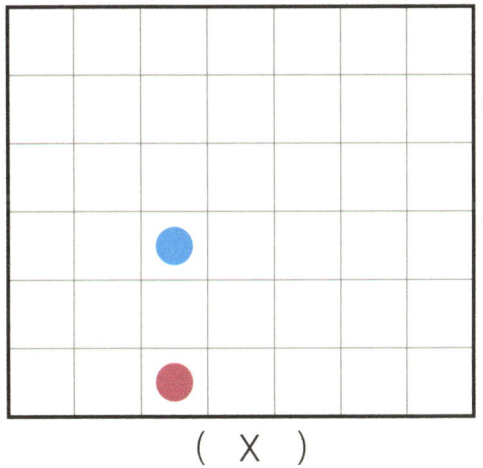
(X)

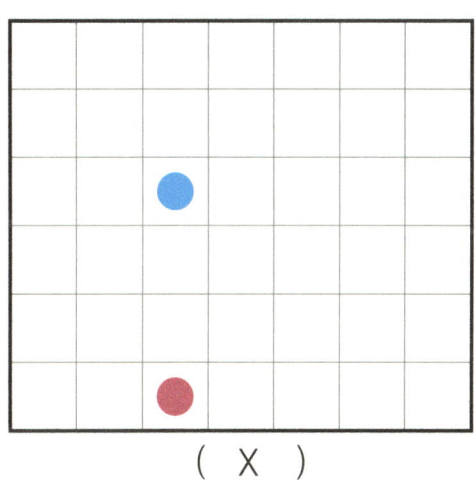
(X)

공 떨어뜨리기

놀이규칙

4. 정해진 줄을 만들었을 때만 승리한 것이다. 만약 4줄 만들기라면 연달아 4줄을 규칙에 맞게 만들어야만 승리한 것이다.

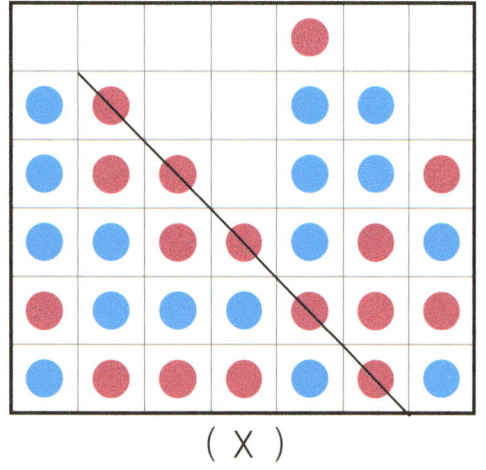
(X)

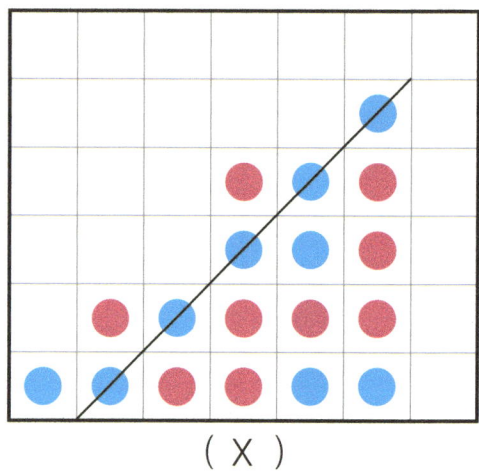
(X)

5줄 이상을 만들면 승리한 것이 아니다. 4줄일 때만 승리한 것이다.

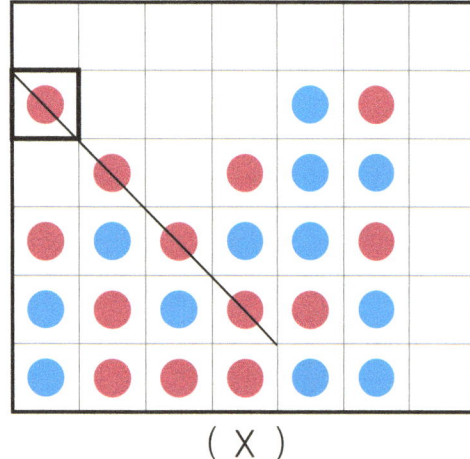
(X)

규칙에 어긋나게 공이 놓여 있다.

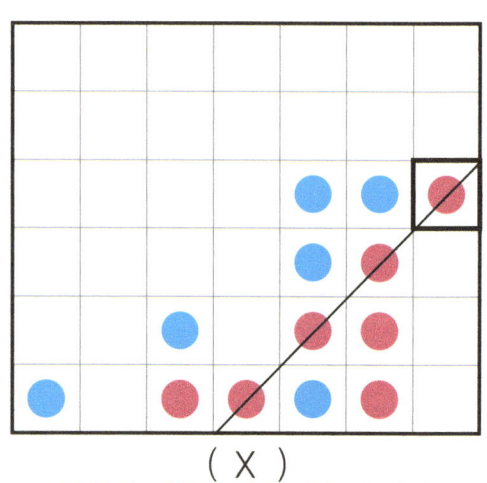
(X)

규칙에 어긋나게 공이 놓여 있다.

공 떨어뜨리기

놀이진행.1 3줄 만들기

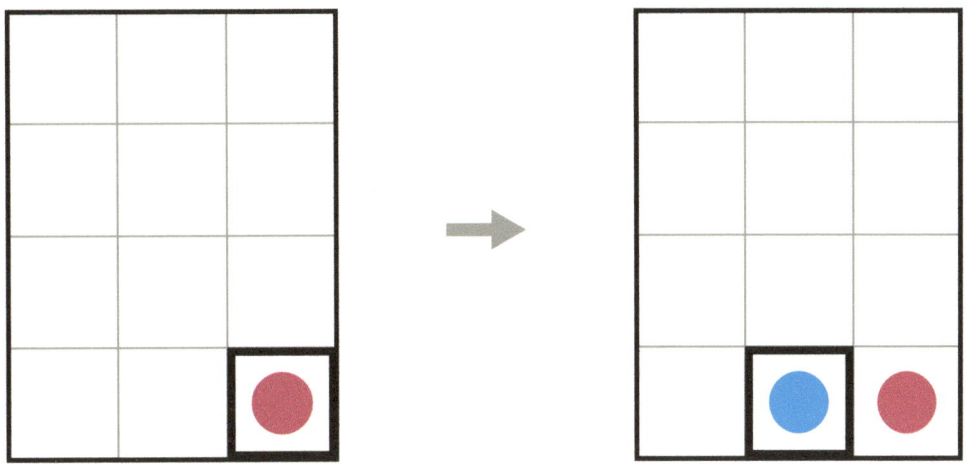

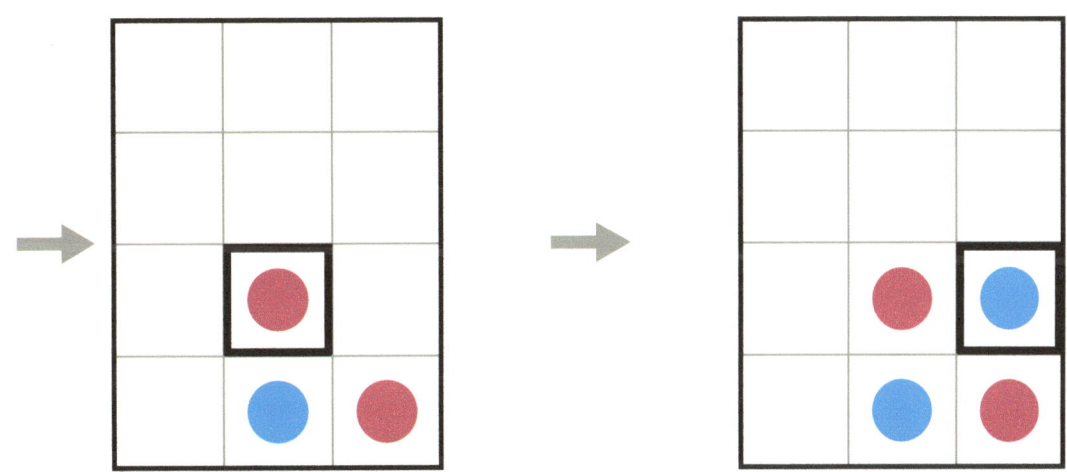

공 떨어뜨리기

놀이진행.1 3줄 만들기

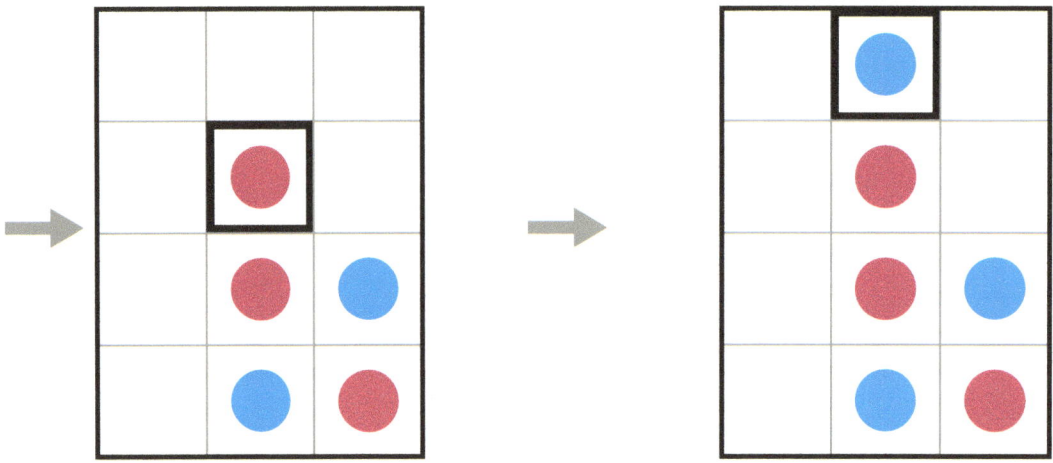

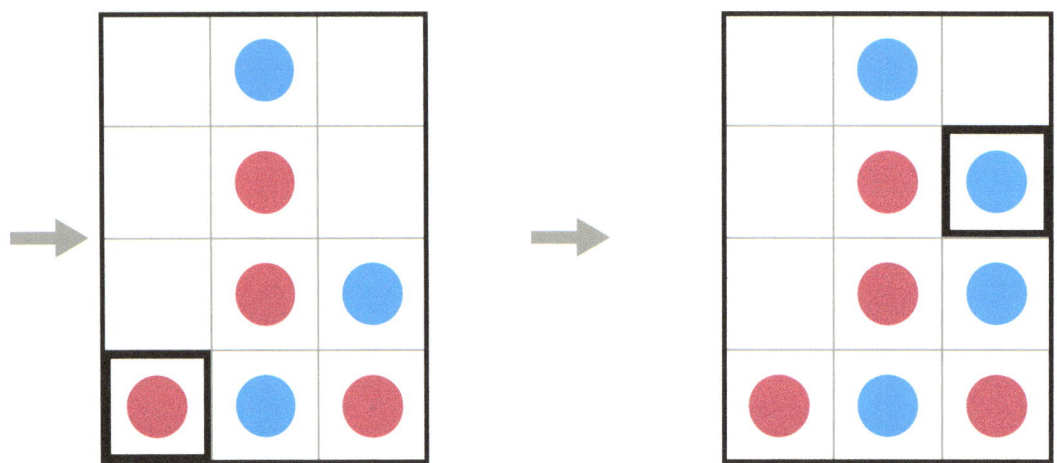

공 떨어뜨리기

놀이진행.1 3줄 만들기

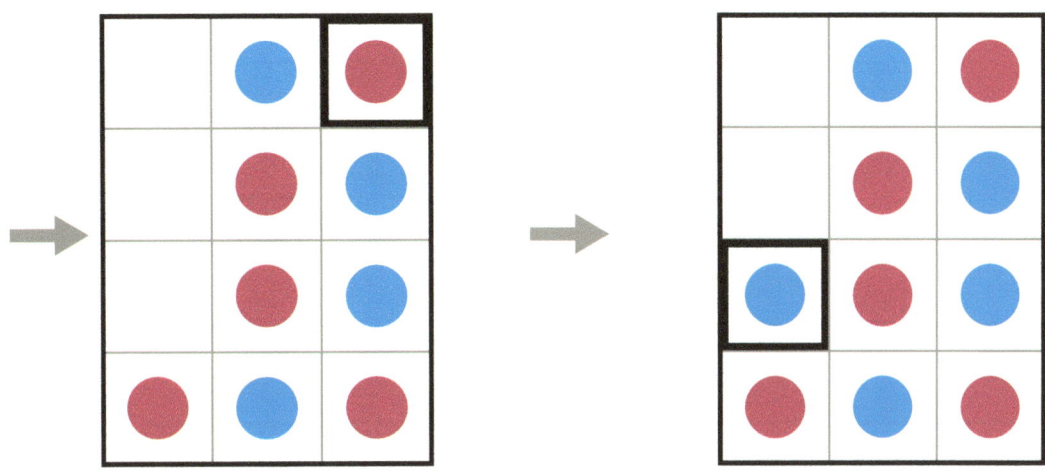

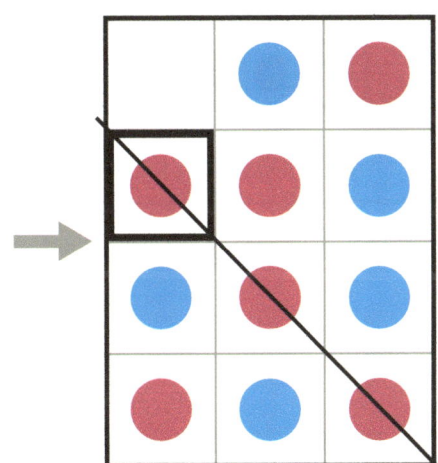

빨간색이 3줄을 먼저 만들어 이겼다.

공 떨어뜨리기

놀이진행.2 4줄 만들기

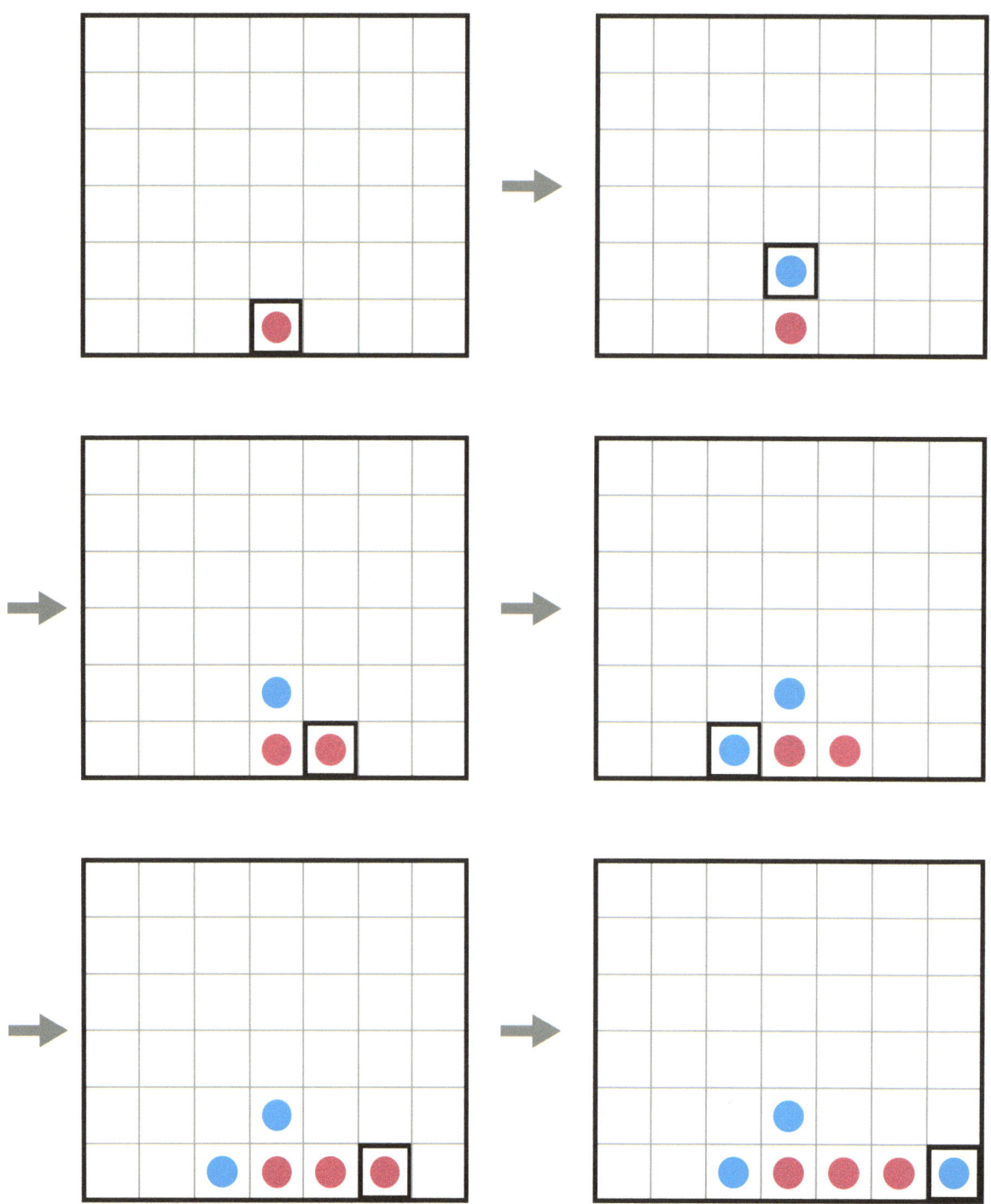

공 떨어뜨리기

놀이진행.2 4줄 만들기

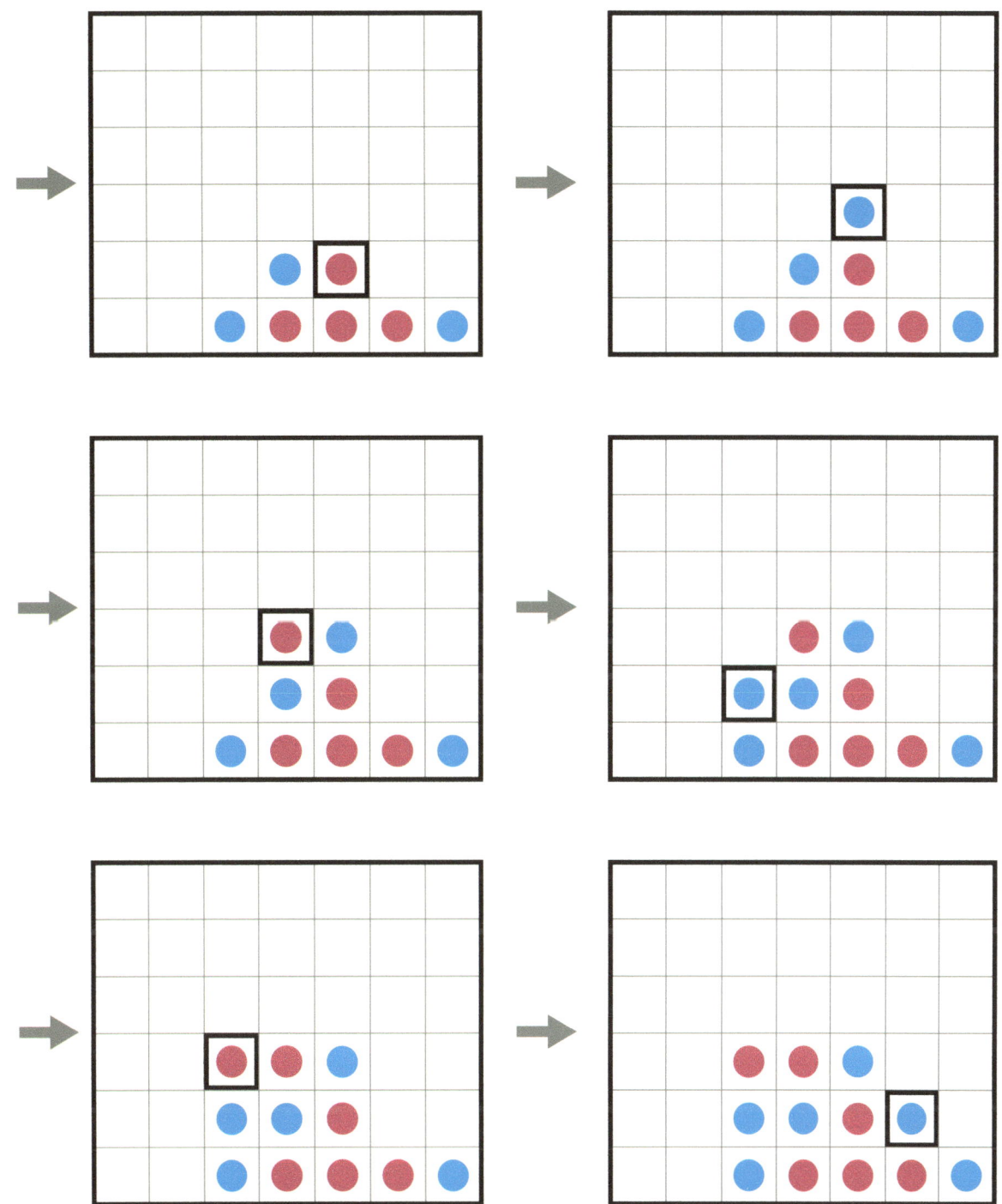

공 떨어뜨리기

놀이진행.2 4줄 만들기

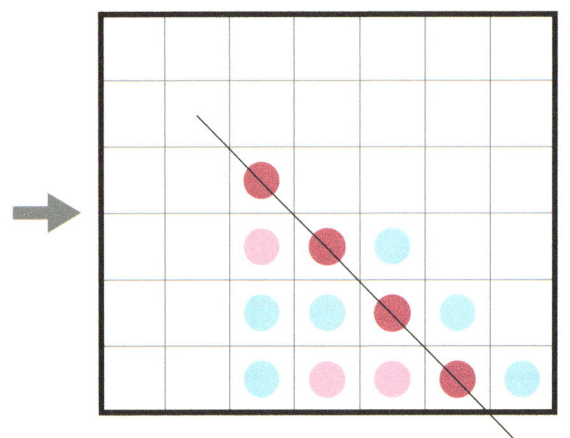

빨간색이 4줄을 먼저 만들어 이겼다.

공 떨어뜨리기(3줄 만들기)

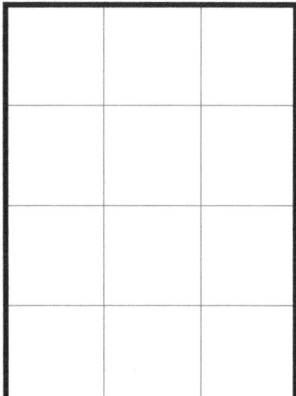
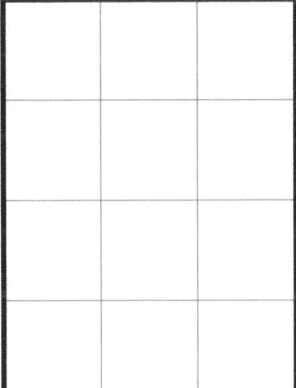
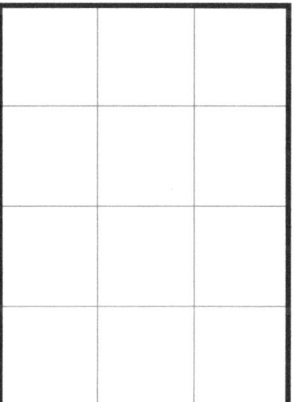

공 떨어뜨리기(4줄 만들기)

테트로미노 쌓기

놀이목표

놀이판을 테트로미노로 아래부터 채워 나가는 게임이다.

놀이방법

1. 번갈아가며 놀이판에 테트로미노를 그린다.
2. 테트로미노는 각자 한세트씩만 사용할 수 있다.
3. 맨 아래층부터 쌓는다.
4. 테트로미노를 그릴 때는 아래처럼 돌리거나 뒤집어도 된다.

예)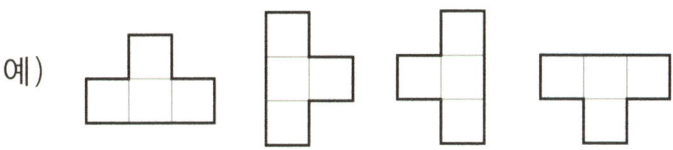

5. 사용한 그림은 중복 사용하지 않도록 X표를 치며 지워 나간다.
6. 더이상 테트로미노를 그릴 수 없는 사람이 지게 된다.

모양관찰

테트로미노는 정사각형 4개를 조합하여 만든 모양으로 모두 5가지가 있다.
모양을 익혀 두면 게임하는데 유리하다.

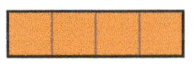 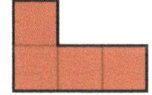  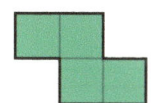 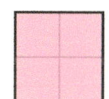

Tip

공간을 채우는 게임이다.
공간지각력을 기르는데 유용한 게임이다.

테트로미노 쌓기

놀이규칙

1. 맨 아래층부터 쌓는다.(위에서 아래로 떨어진다고 가정하면서 쌓는다.)

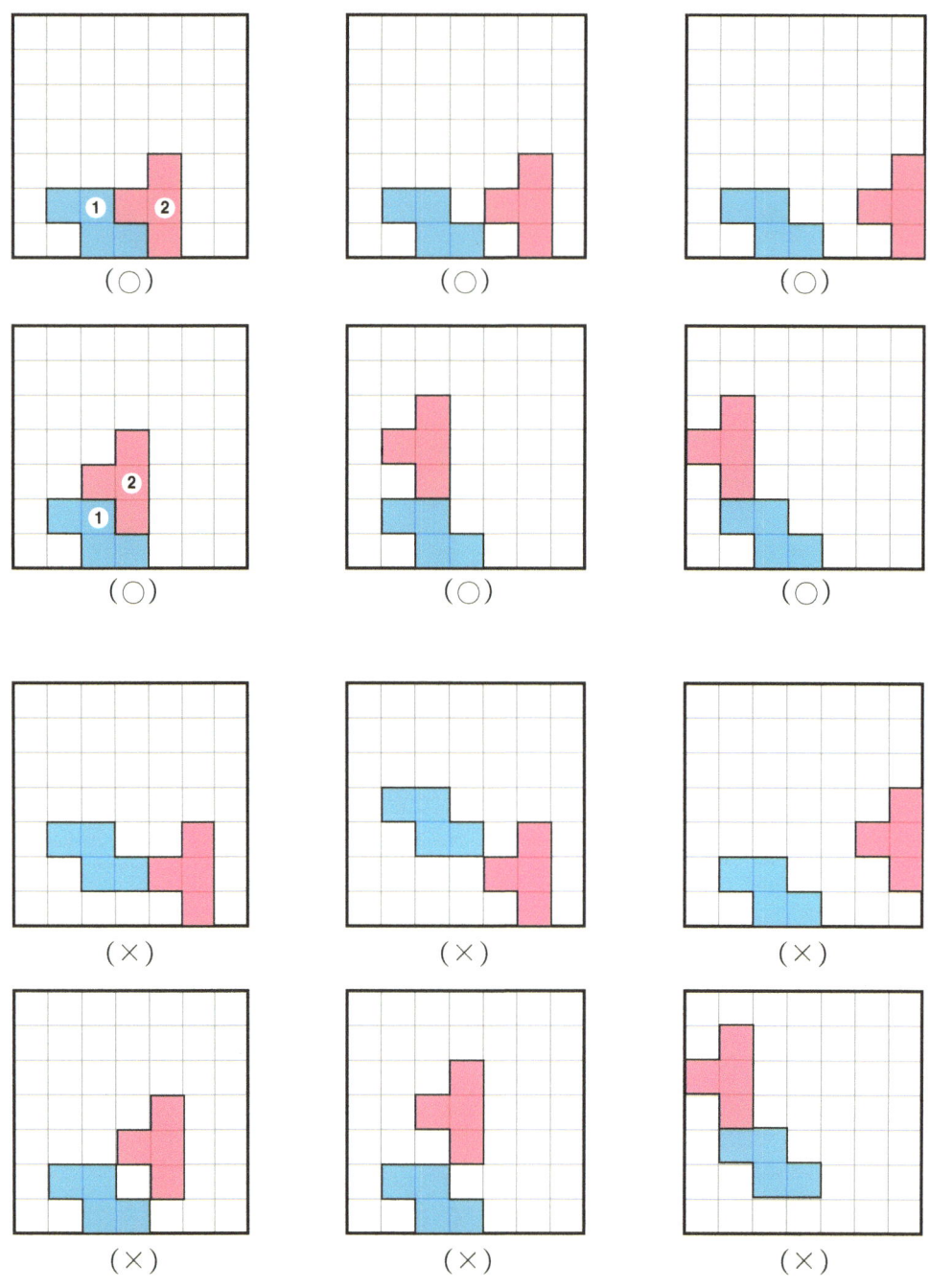

테트로미노 쌓기

놀이규칙

2. 2층부터는 테트로미노끼리 반드시 한 면 이상 연결되어야 한다.

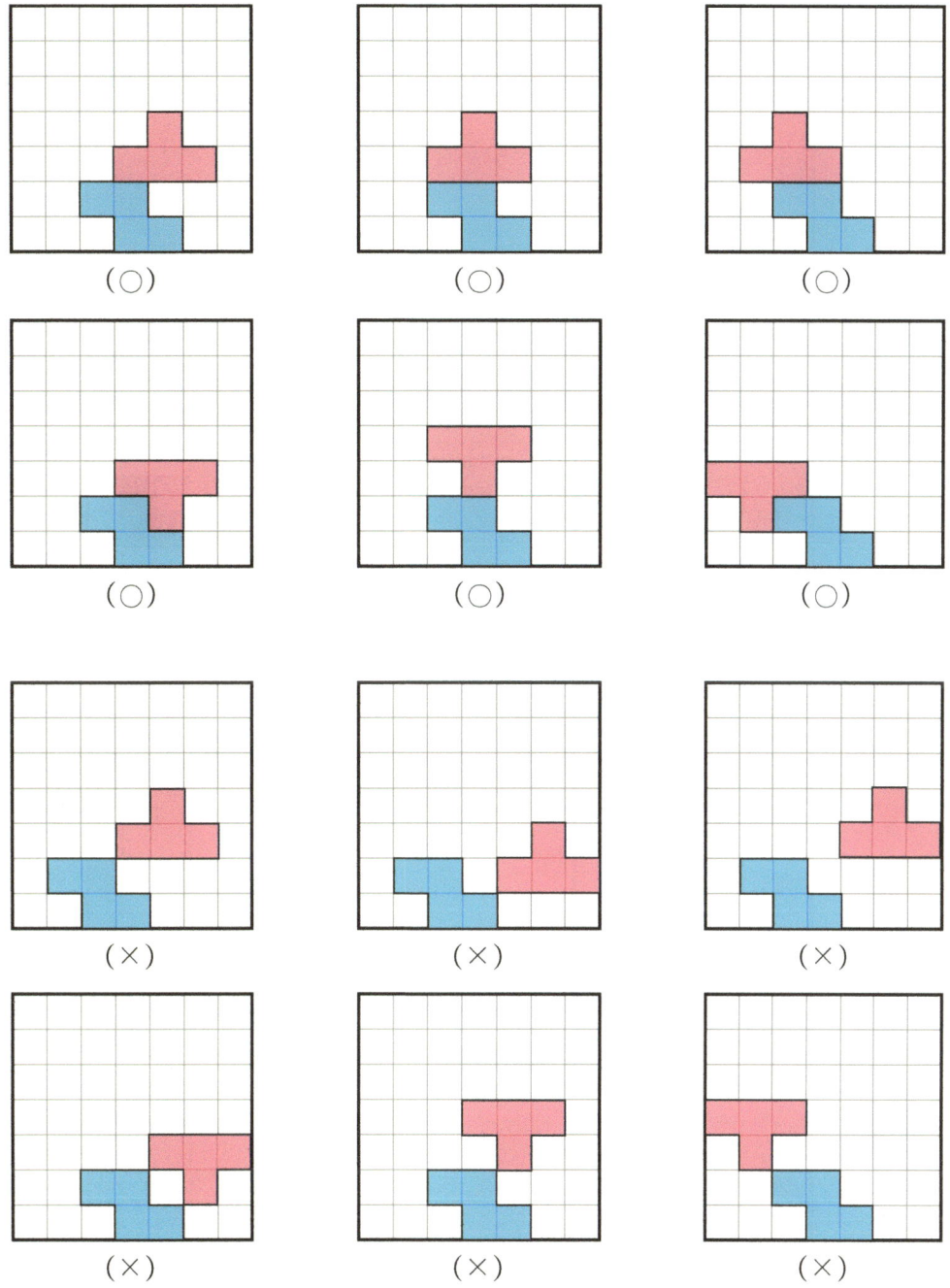

테트로미노 쌓기

놀이규칙

3. 아래처럼 번호 순서대로 떨어뜨릴 때 위에서 일직선으로 떨어지며 떨어진 후 자리를 이동하여 낄 수 없다.

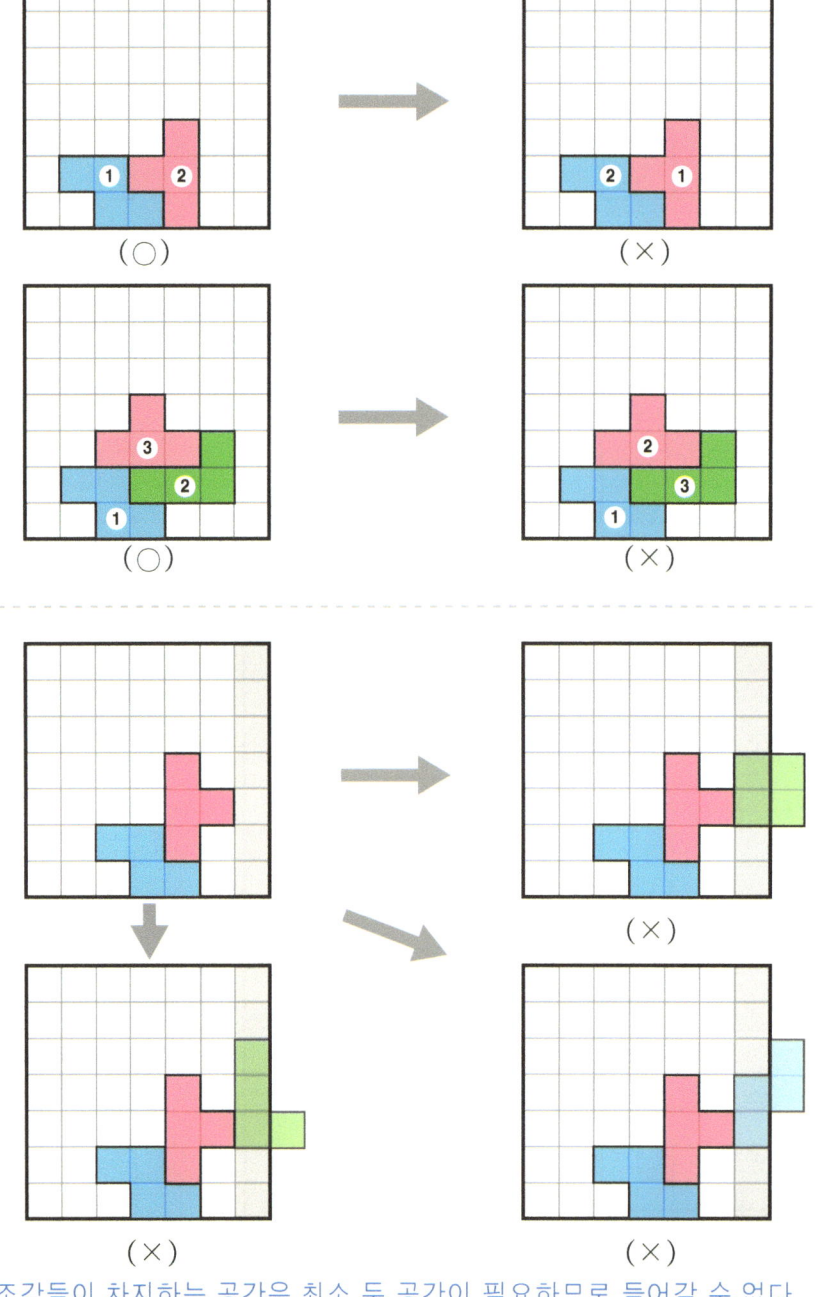

조각들이 차지하는 공간은 최소 두 공간이 필요하므로 들어갈 수 없다.

테트로미노 쌓기

놀이진행

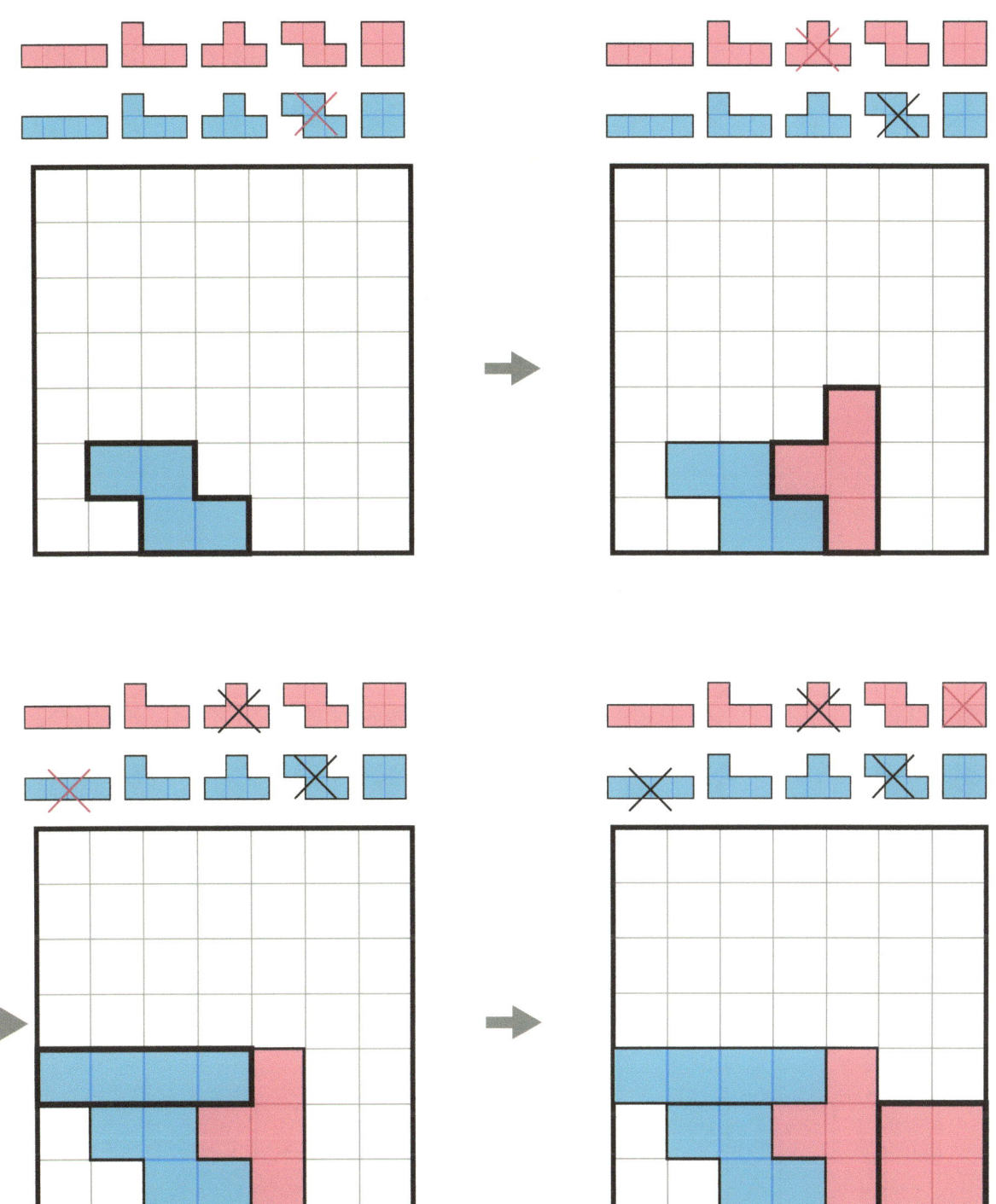

테트로미노 쌓기

놀이진행

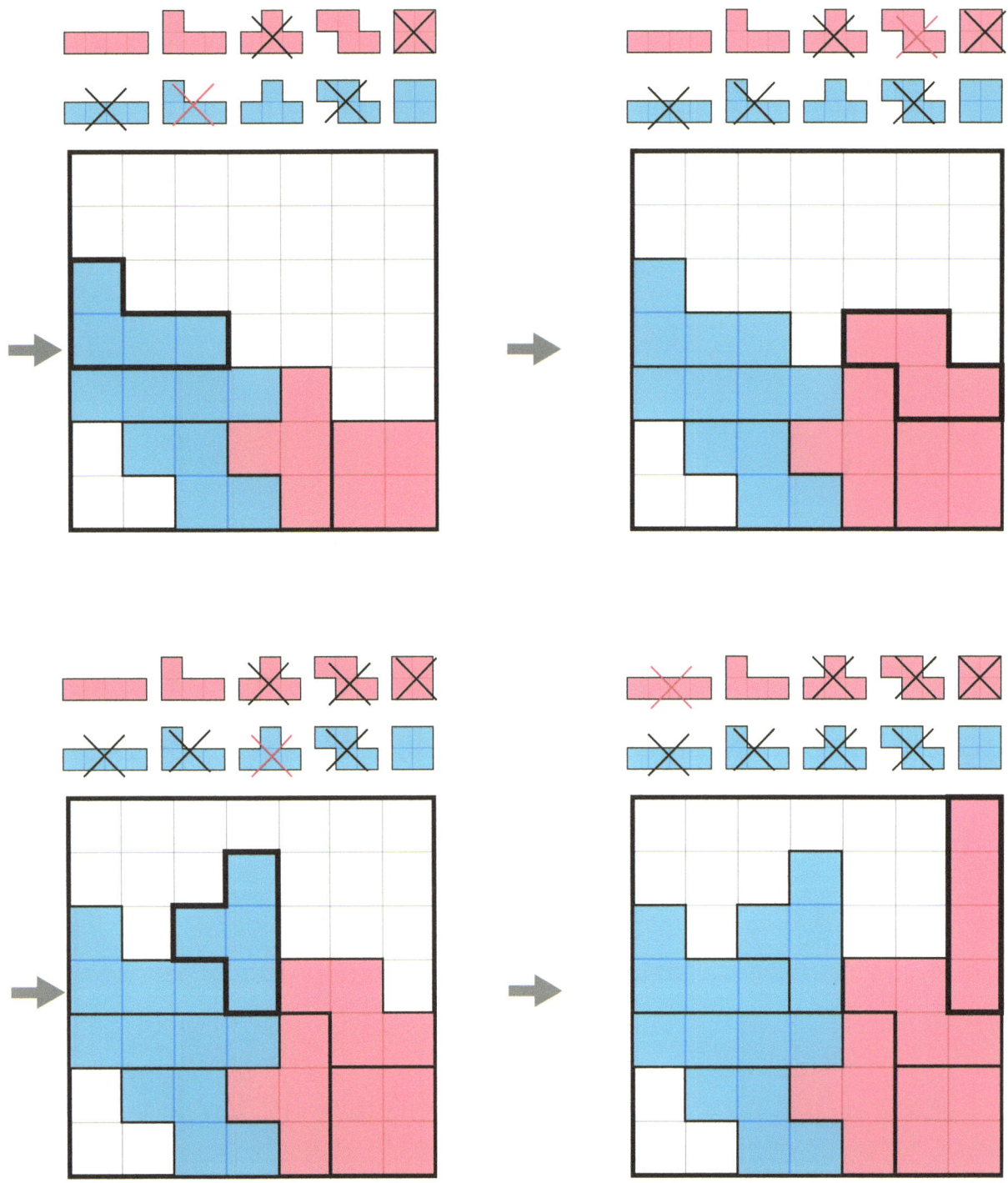

테트로미노 쌓기

놀이진행

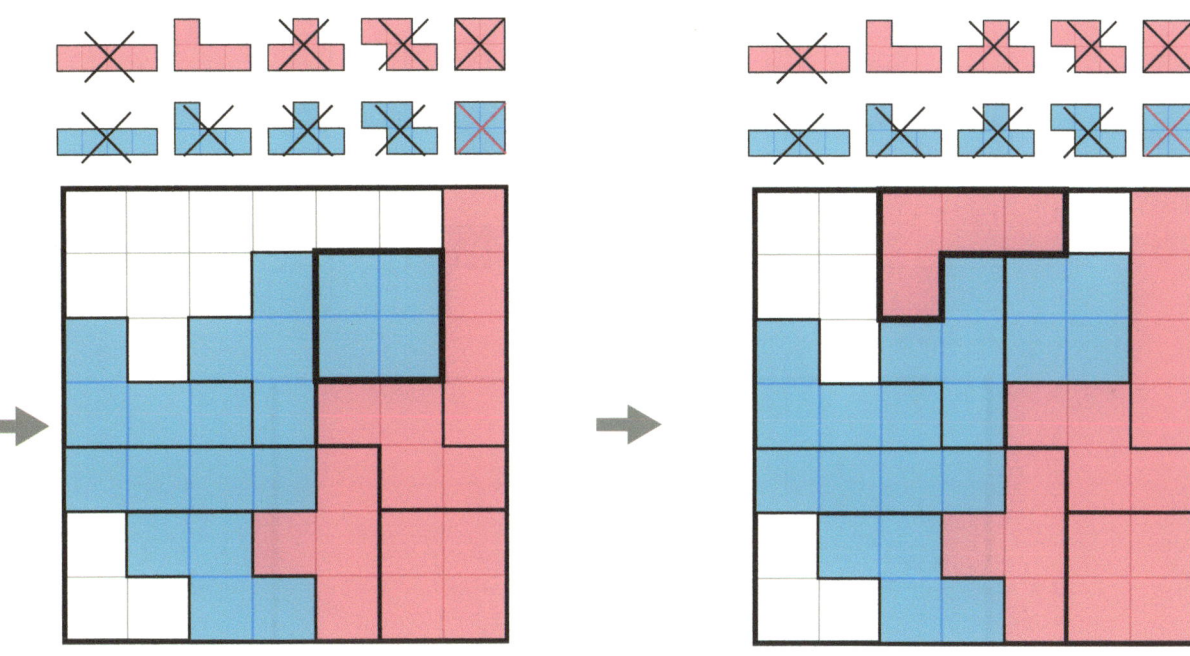

차곡차곡 쌓아 두 사람 다 주어진
테트로미노를 모두 사용하여 비겼다

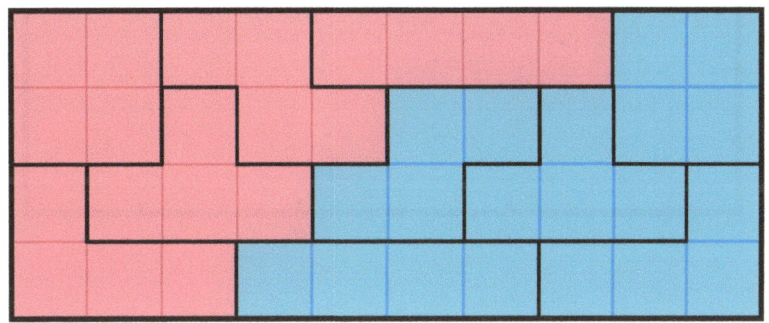

테트로미노 두세트를 쌓으면 위와 같이 직사각형을 만들 수 있다.

테트로미노 쌓기(7X7)

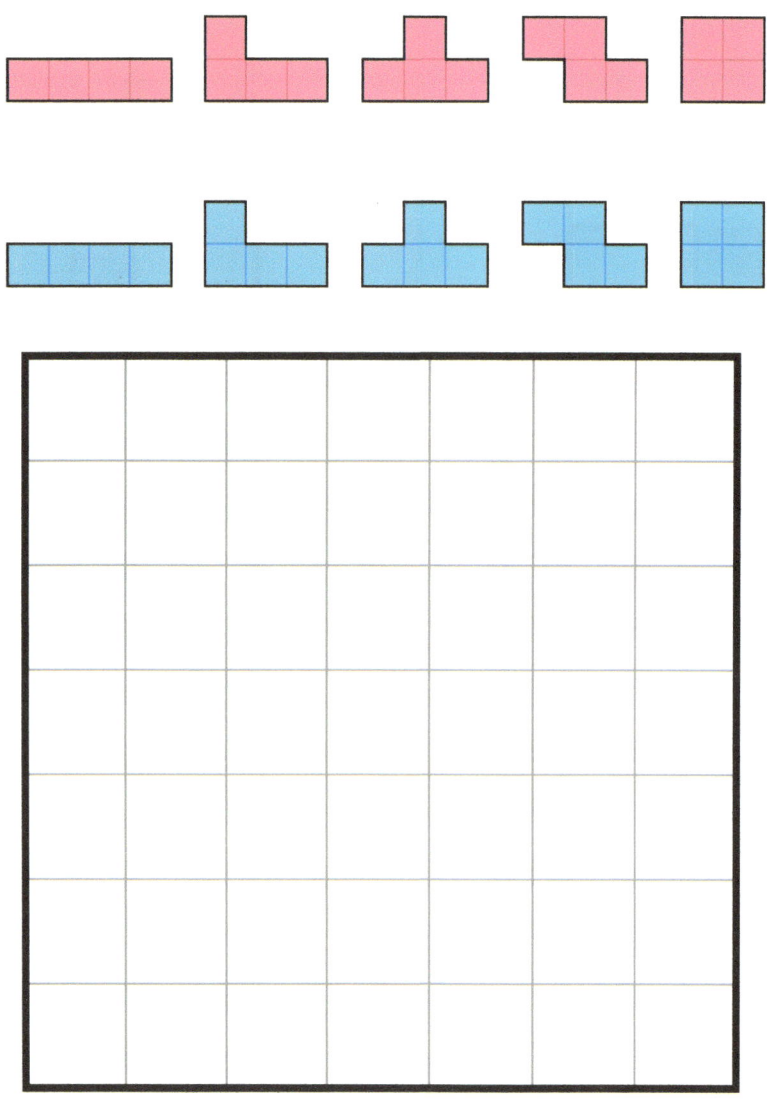

틱택토

놀이목표

가로, 세로, 대각선 중 어떤 방향으로든 먼저 1줄의 같은 모양을 만드는 게임이다.

놀이방법

1. 번갈아가며 빈 칸에 ○, X표를 친다.
2. 가로, 세로, 대각선 중 어떤 방향으로든 먼저 1줄을 만들면 게임이 끝난다.
(틱택토 게임은 서로 실력이 비슷하면 무승부가 많이 나오는 게임이다.)

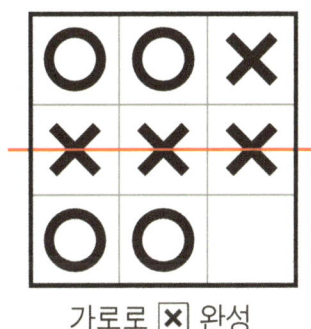
가로로 X 완성

세로로 O 완성

대각선으로 O 완성

대각선으로 X 완성

Tip

오래 전부터 전해오는 두뇌회전 게임이다.
먼저 시작하는 사람이 유리하나 비기는 경우가 많은 게임이다.

틱택토

놀이진행

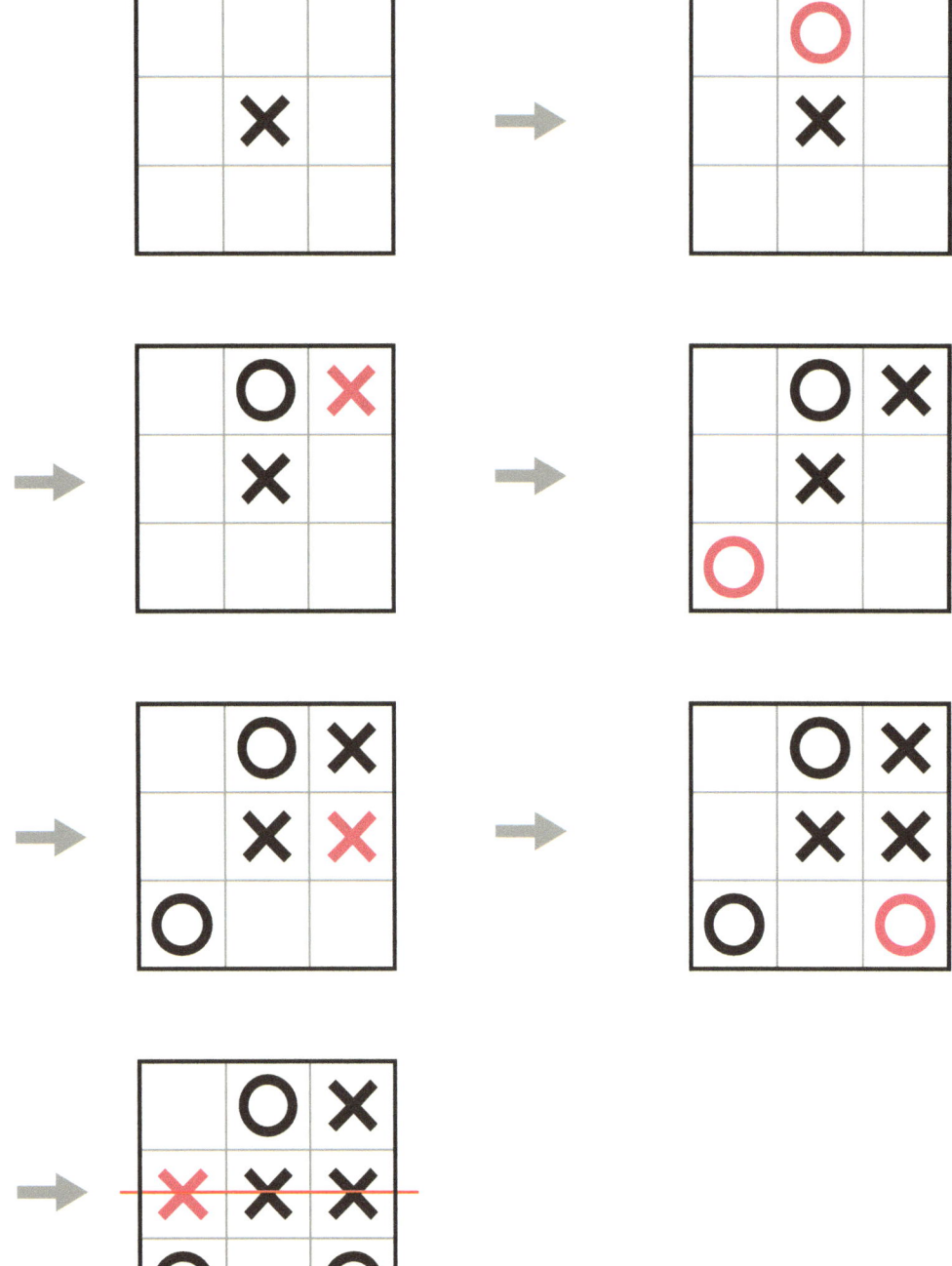

가로로 ❌ 완성

틱택토

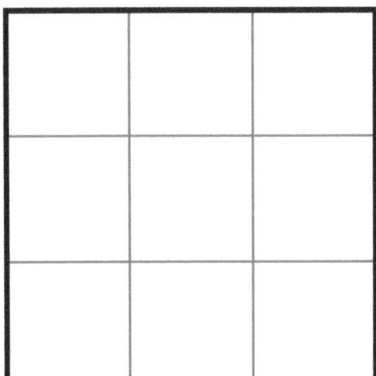
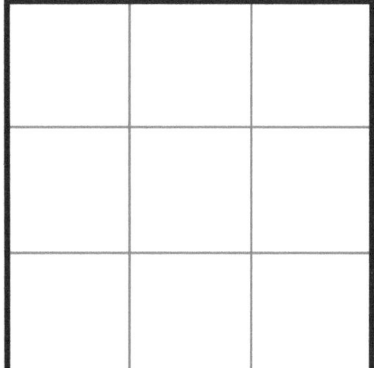
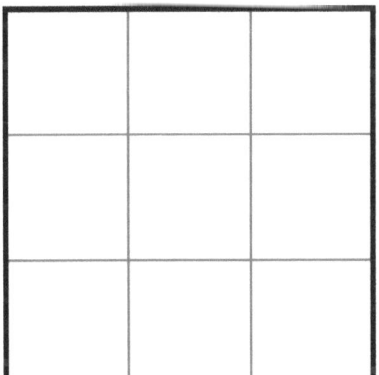
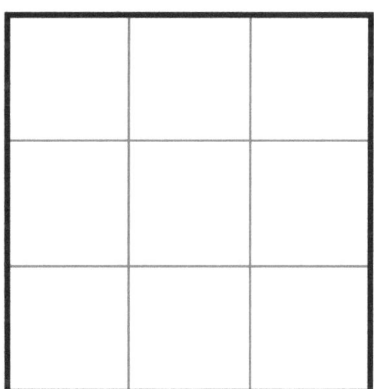

틱택토 안 만들기

놀이목표

가로, 세로, 대각선 중 어떤 방향으로든 같은 모양이 세 개 이상 연결되지 않도록 하는 게임이다.

놀이방법

1. 번갈아가며 빈 칸에 ○, X표를 친다.

2. 가로, 세로, 대각선 중 먼저 같은 모양이 연달아 세 개 이상이 나오면 지는 게임이다. 즉, 상대방이 먼저 같은 모양 3개가 연결되도록 유도하면 이기는 게임이다.

3. 아래처럼 같은 모양을 먼저 완성하면 지게 된다.

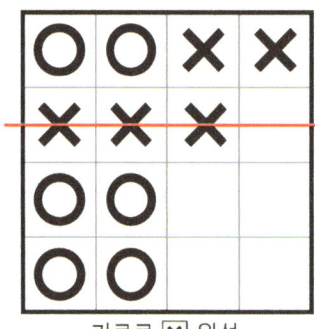
가로로 X 완성

세로로 O 완성

대각선으로 O 완성

대각선으로 X 완성

Tip

틱택토의 변형 게임이다.
오히려 틱택토보다 더 집중력이 필요할 수 있다.

틱택토 안 만들기

놀이진행

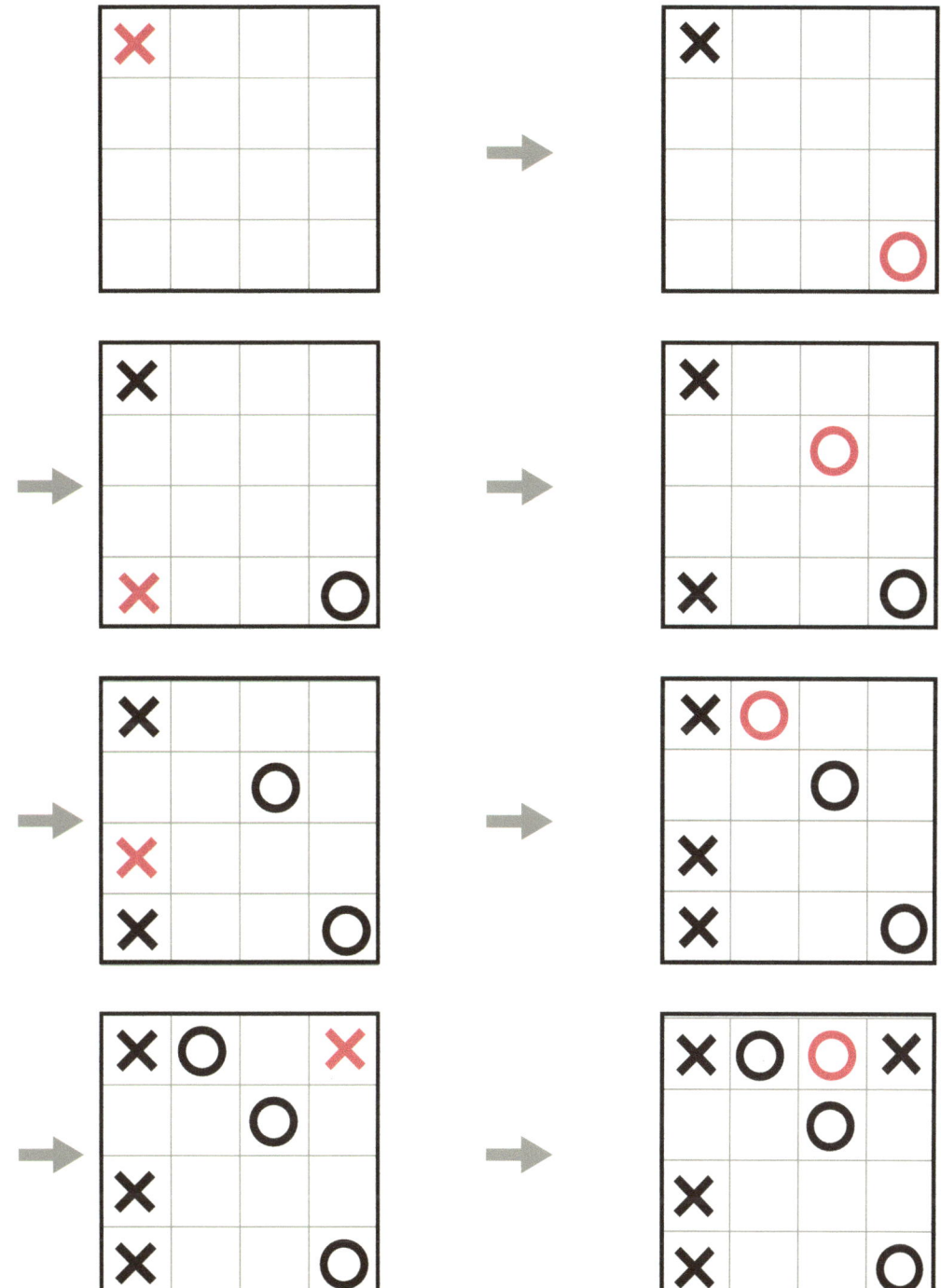

틱택토 안 만들기

놀이진행

틱택토 안만들기

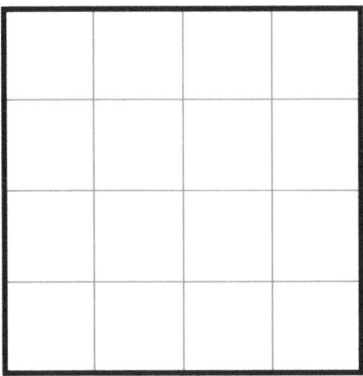
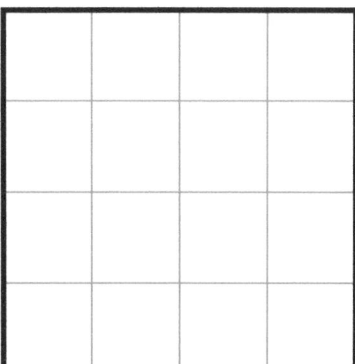
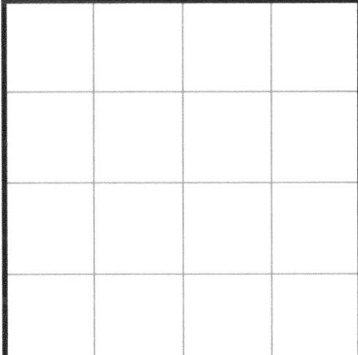
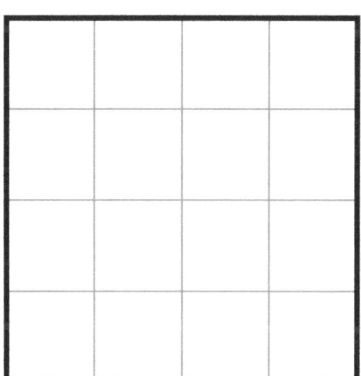

큰 틱택토

놀이목표

완성된 틱택토끼리 큰 세 칸이 한 줄이 되도록 만드는 게임이다.

놀이방법

1. 각각의 틱택토 놀이판에 번갈아가며 ○, X표를 치며 채운다.
2. 큰 틱택토를 각각 모두 완성되도록 만든다.
3. 틱택토를 이긴 사람이 ○, X표를 9칸 전체에 표시한다.
4. 9칸 틱택토가 모였을 때 크게 가로, 세로, 대각선 중 크게 한 줄이 완성되면 이긴다.

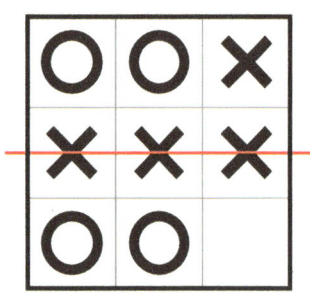
가로로 X 완성

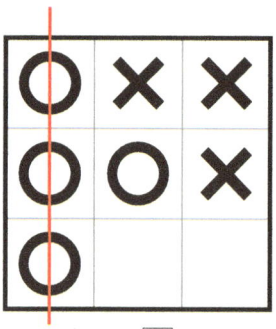
세로로 ○ 완성

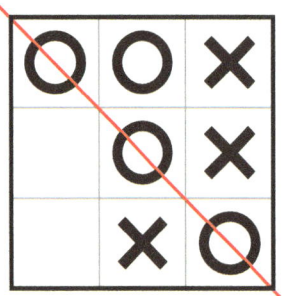
대각선으로 ○ 완성

대각선으로 X 완성

Tip

틱택토의 변형 게임이다.
큰 세 칸 전체를 생각해야 하므로 가운데 칸의 승자가 이길 확률이 높다.

큰 틱택토

놀이진행

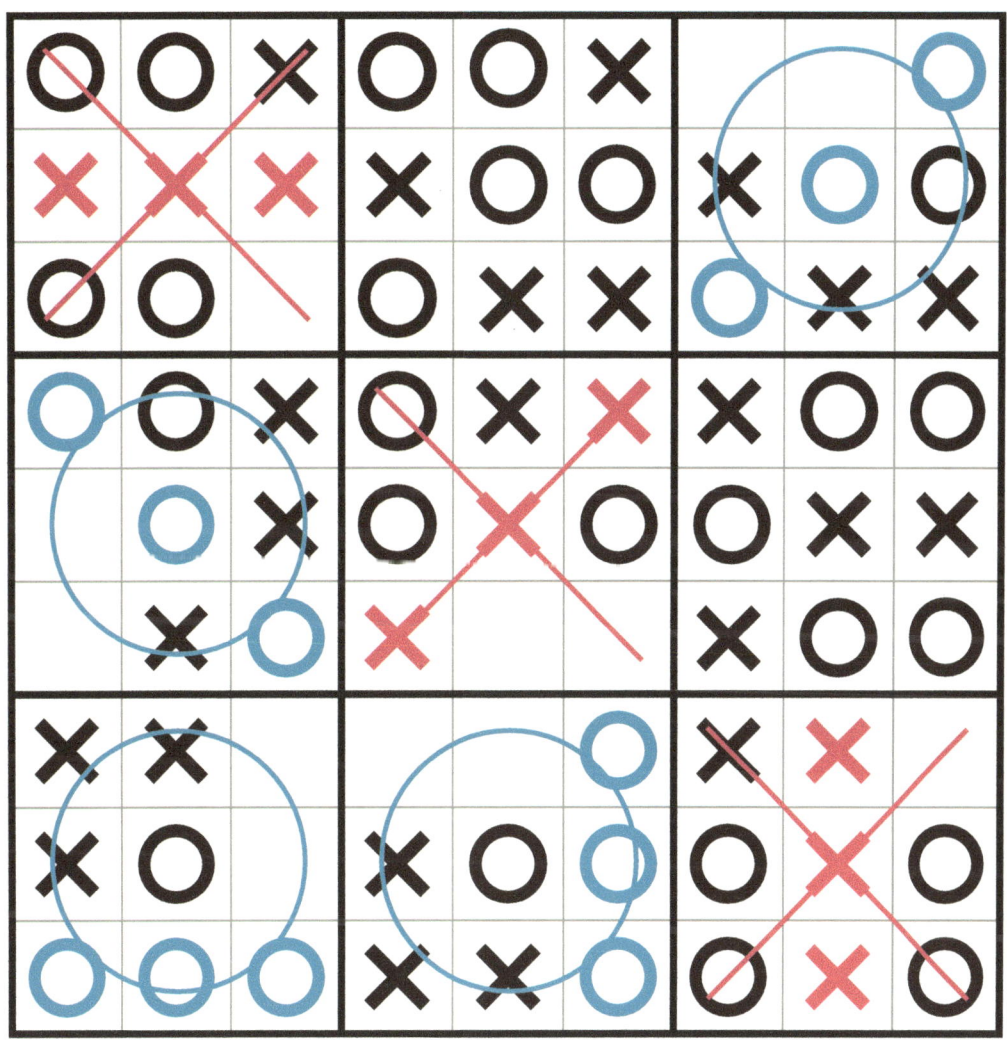

☒ 표가 큰 틱택토를 만들었다.

큰 틱택토

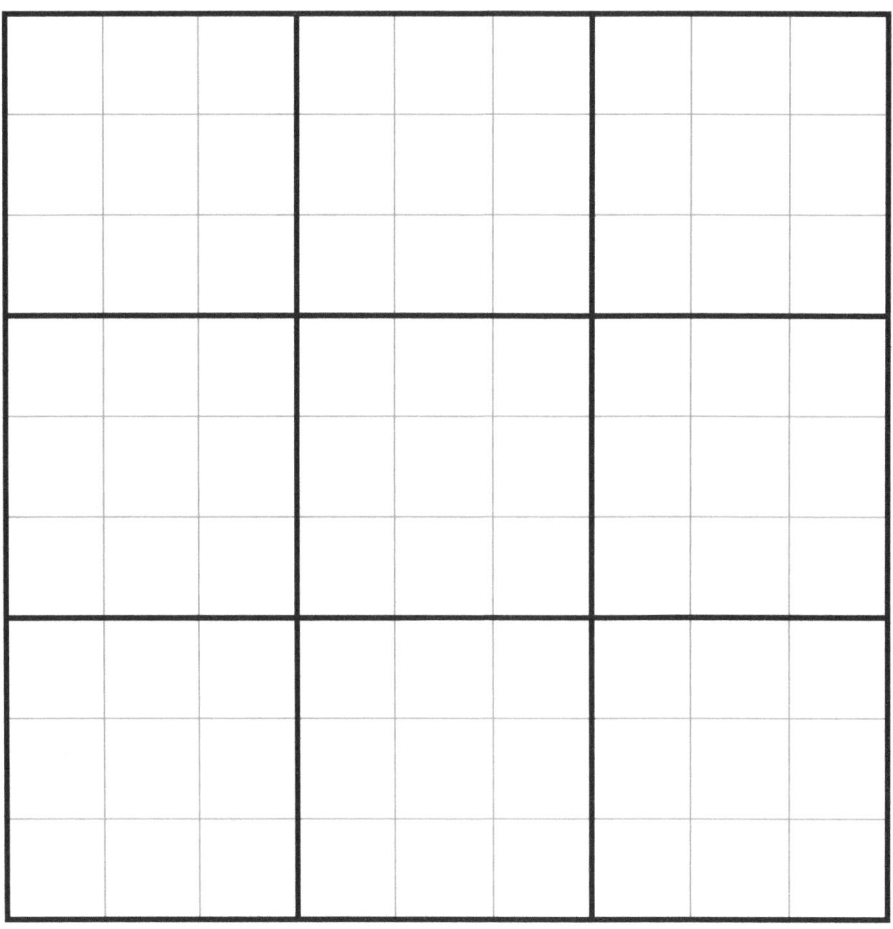

4줄 만들기

놀이목표

가로, 세로, 대각선 중 어떤 방향으로든 같은 모양 네 개를 만들면 이기는 게임이다.

놀이방법

1. 번갈아가며 빈 칸에 ○, X표를 친다.
2. 가로, 세로, 대각선 중 먼저 같은 모양 네 개를 만든다. 이때 모양이 연달아 있을 필요는 없다.

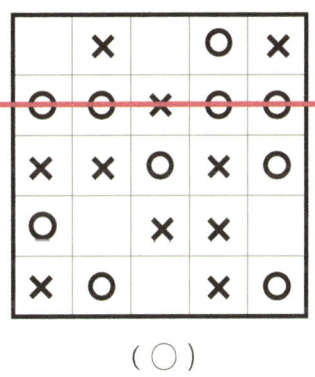
(○)

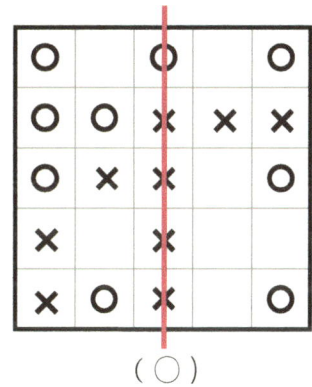
(○)

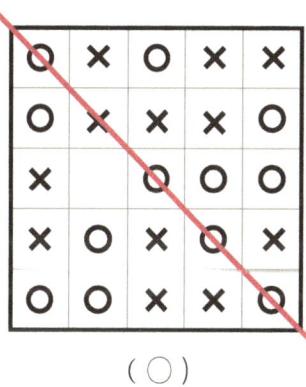
(○)

3. 같은 모양 네개를 먼저 만들면 이기게 된다.

Tip

틱택토의 변형 게임이다.
오히려 틱택토보다 더 집중력이 필요할 수 있고 5X5 놀이판에서만
할 수 있어 게임의 묘미가 있다.

4줄 만들기

놀이진행

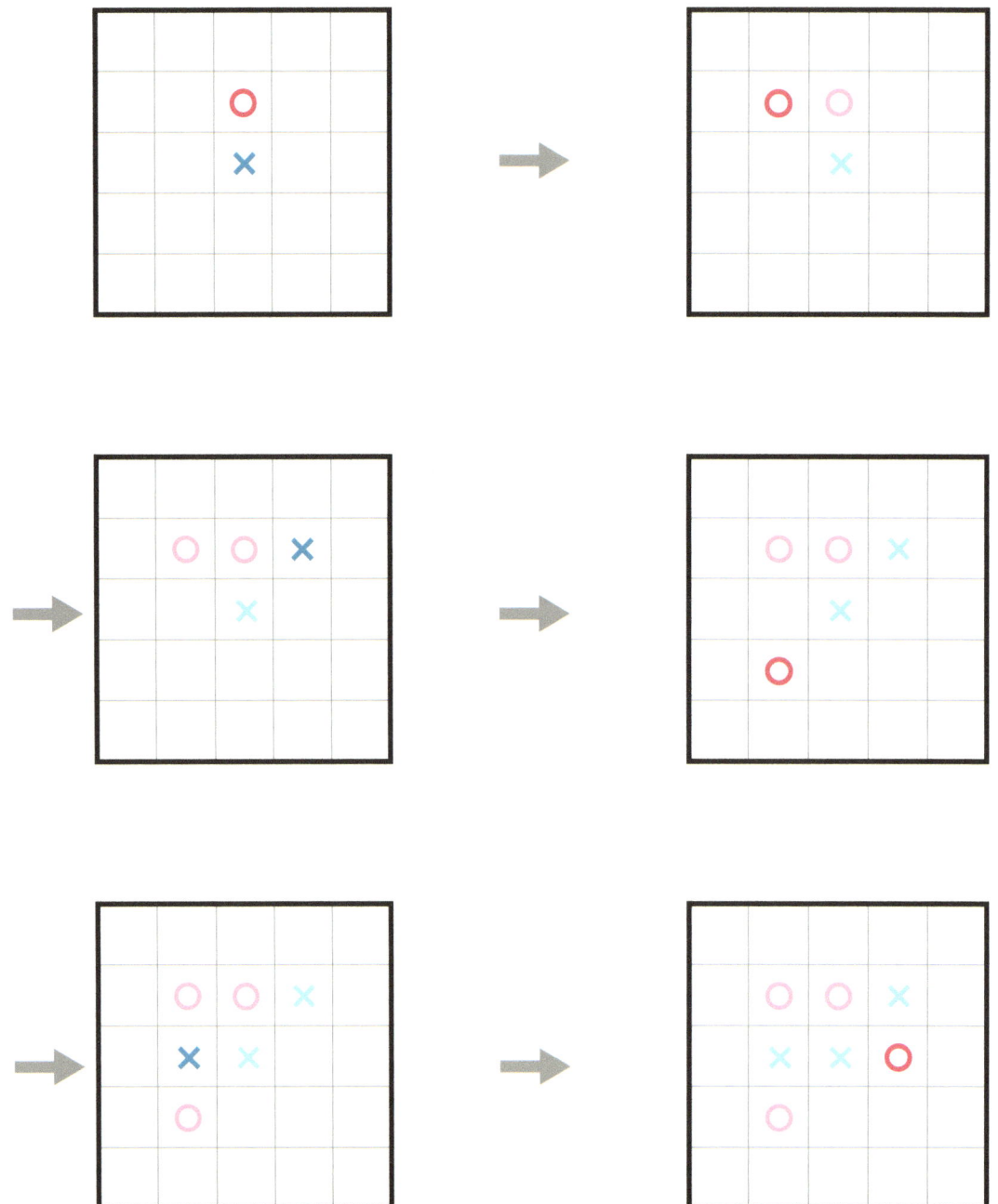

4줄 만들기

놀이진행

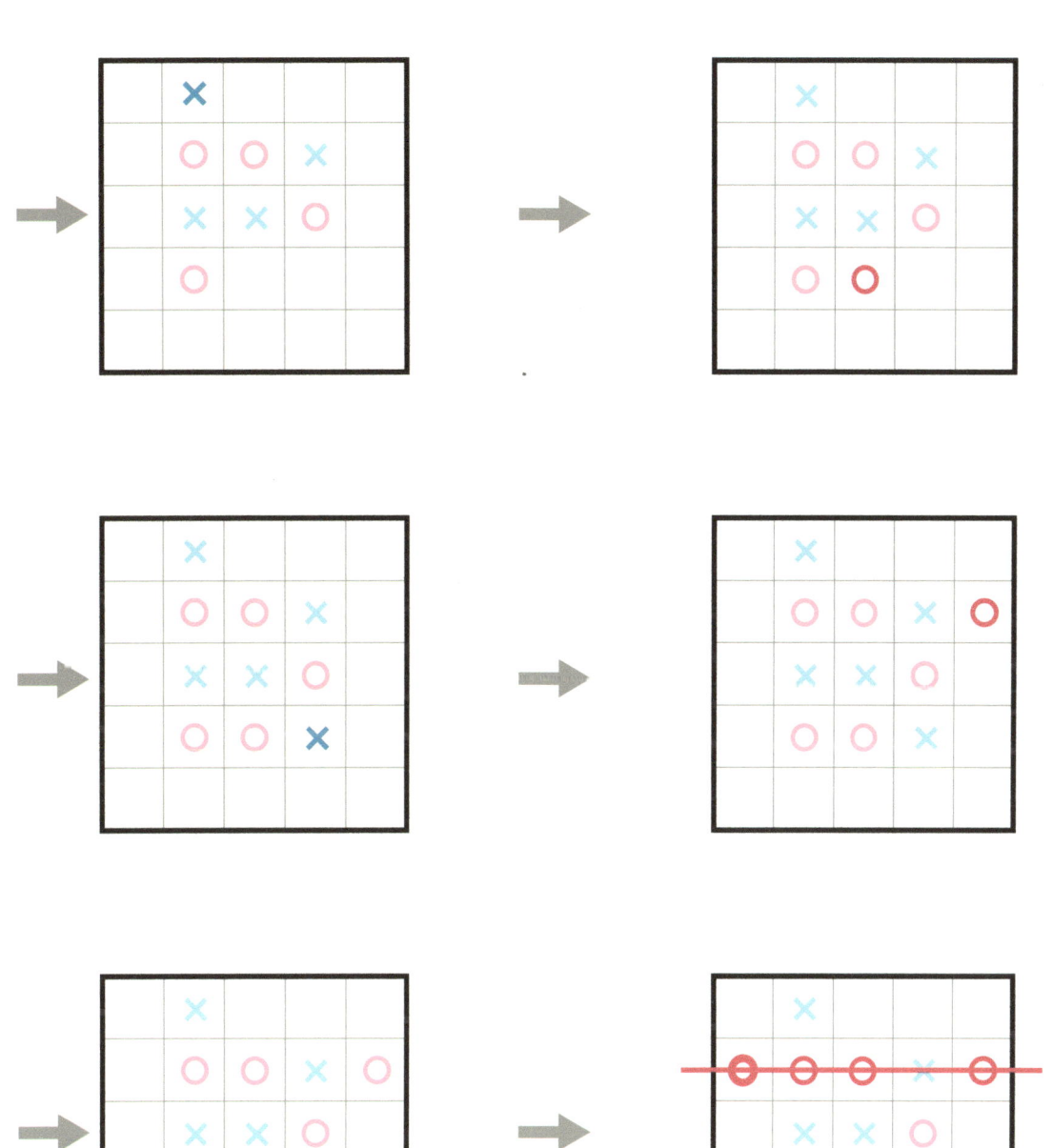

빨간색이 먼저 네 줄을 만들어 이겼다.

4줄 만들기

4줄 안만들기

놀이목표

가로, 세로, 대각선 중 어떤 방향으로든 ○표가 네 개 이상 연결되지 않도록 하는 게임이다.

놀이방법

1. 번갈아가며 빈 칸에 ○표를 치며 채운다.
2. 가로, 세로, 대각선 중 먼저 ○표가 네 개 이상이 나오면 지는 게임이다.
   즉, 상대방이 먼저 ○표 4개가 연결되도록 유도하면 유리하다.
3. 아래처럼 먼저 O표 4개를 연달아 완성하면 지게 된다.

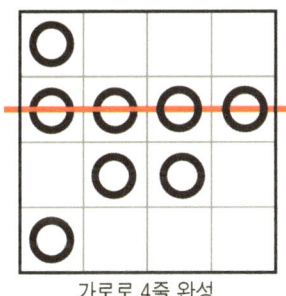
가로로 4줄 완성

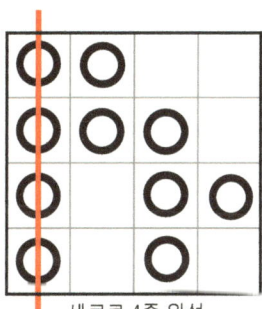
세로로 4줄 완성

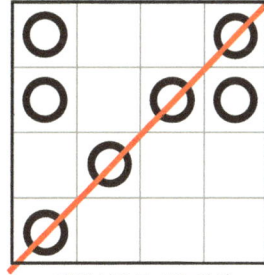
대각선으로 4줄 완성

대각선으로 4줄 완성

Tip

틱택토의 변형 게임이다. 틱택토는 서로 다른 표시를 하지만 이 게임은 서로 같은 모양으로 하기 때문에 4줄이 쉽게 완성된다. 따라서 4줄 안만드는 전략을 세워야 한다. 4X4놀이판에선 4줄, 5X5놀이판은 5줄 안만들기를 한다. 3X3은 전략이 단순하여 재미가 적다.

4줄 안만들기

놀이목표

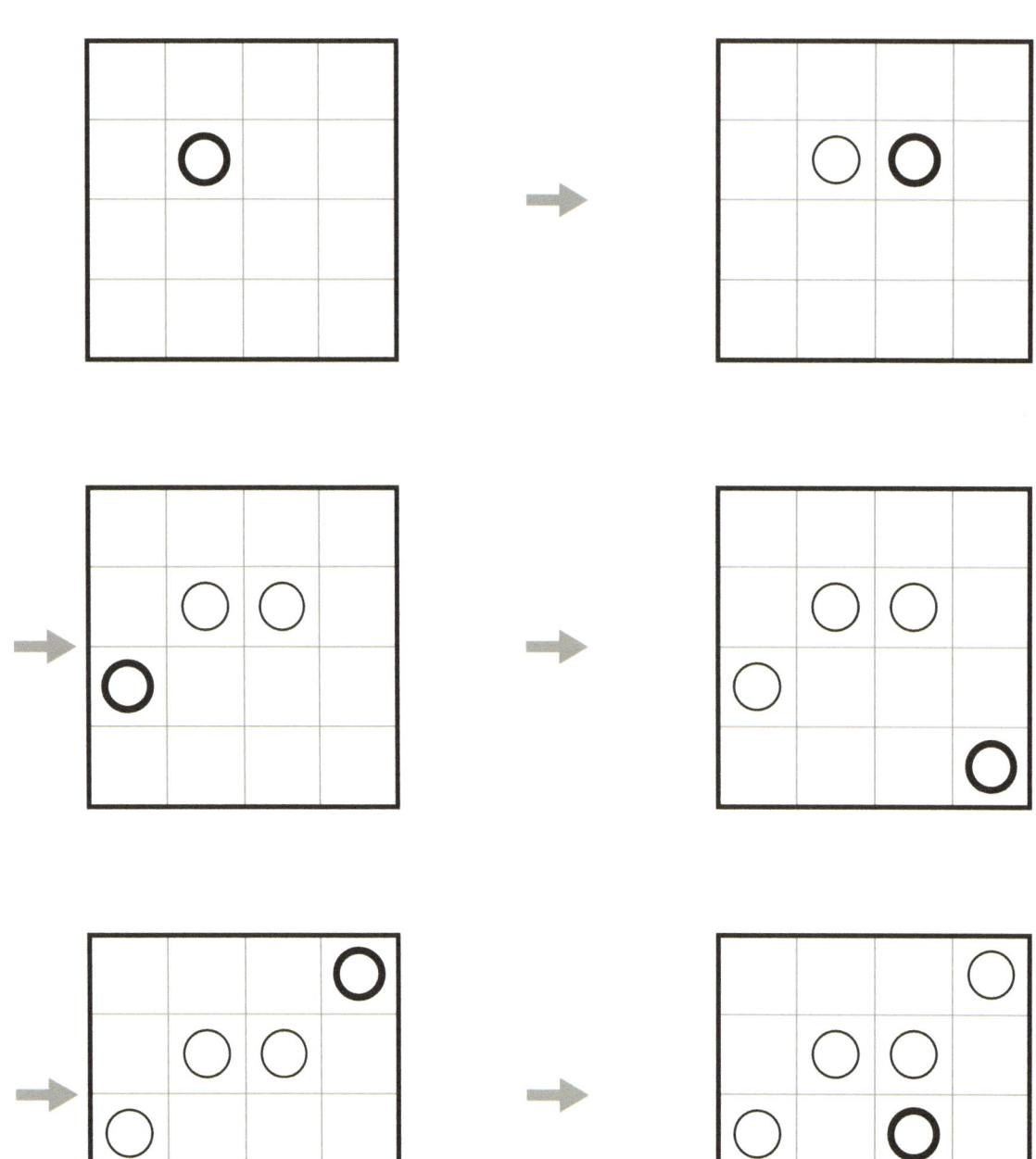

4줄 안만들기

놀이목표

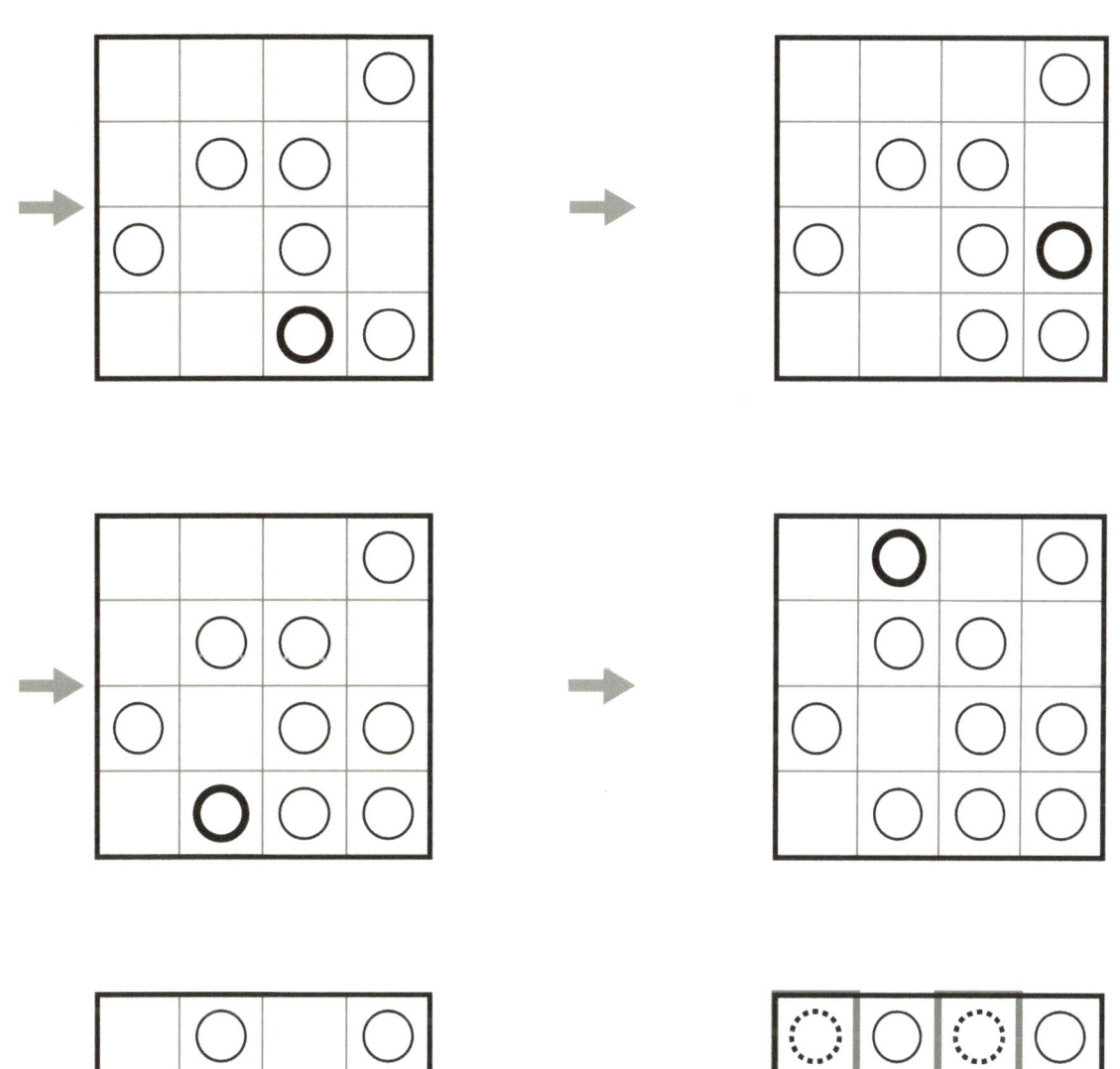

빈 곳 어디에 놓아도 4줄이 되어 파랑이 진다

네줄 안만들기

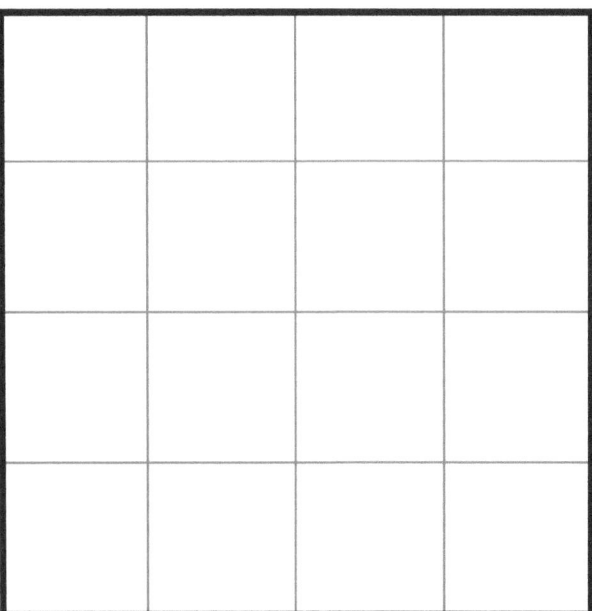

네줄 안만들기

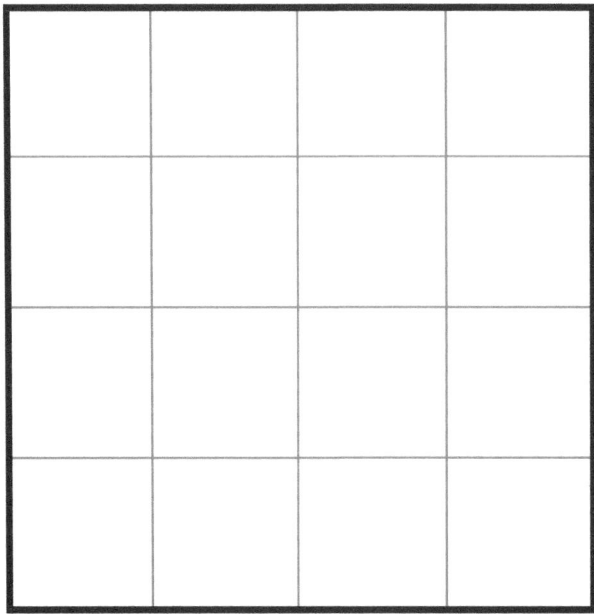

길 건너기

- 헥스
- 뜻밖의 함정
- 꼬불꼬불 미로 여행
- 주전자에 무늬 그리기
- 길 건너기
- 사선으로 길 건너기
- 포도 네 송이

헥스

놀이목표

각각 정해진 방향으로 육각형을 연결하여 반대편으로 도착하는 게임이다.

놀이방법

1. 번갈아가며 서로 다른색으로 (또는 ○, ×)로 놀이판의 육각형을 한 칸씩 칠한다.
2. 칠을 하는 빈 칸은 색칠이 된 네 모퉁이를 제외하면 어느 곳이든 상관 없다.
3. 반대편까지 같은 색이 먼저 연결되면 이긴다.

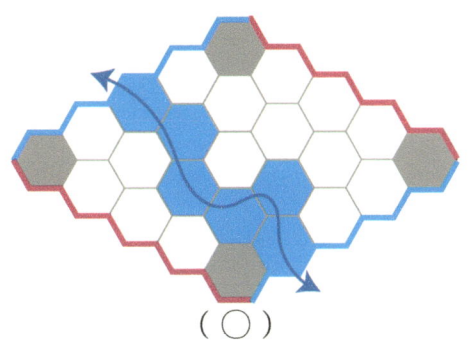

(○)

파란선끼리 연결되어 파란색이 승리!

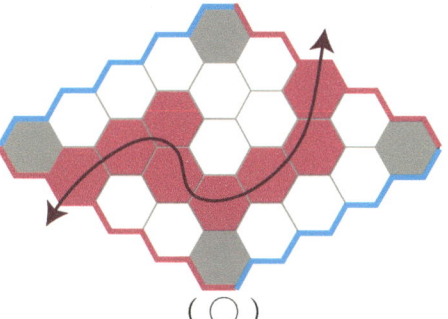

(○)

빨간선끼리 연결되어 빨간색이 승리!

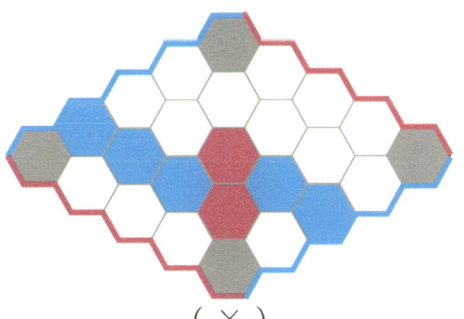

(×)

색끼리 연결되지 않으면 안된다.

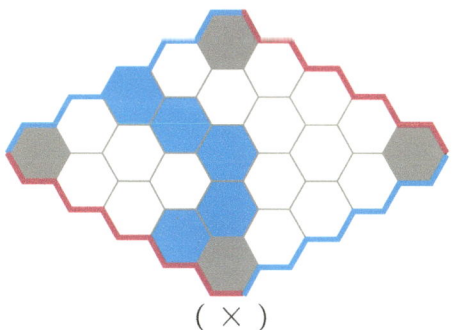

(×)

파란선으로 연결되어야 승리한다.

Tip

예전부터 전해오는 오래된 게임으로 여러 가지 변형된 게임이 존재한다.
틱택토와 같이 실력이 비슷하면 무승부가 자주 나온다.
원래 9X9 놀이판이 일반적이나 줄이거나 늘릴 수도 있다.
놀이판의 네 모서리는 공통으로 사용할 수도 있다.
즉, 빨간색이 될 수도 파란색이 될 수도 있다.

헥스

놀이진행 25칸 헥스

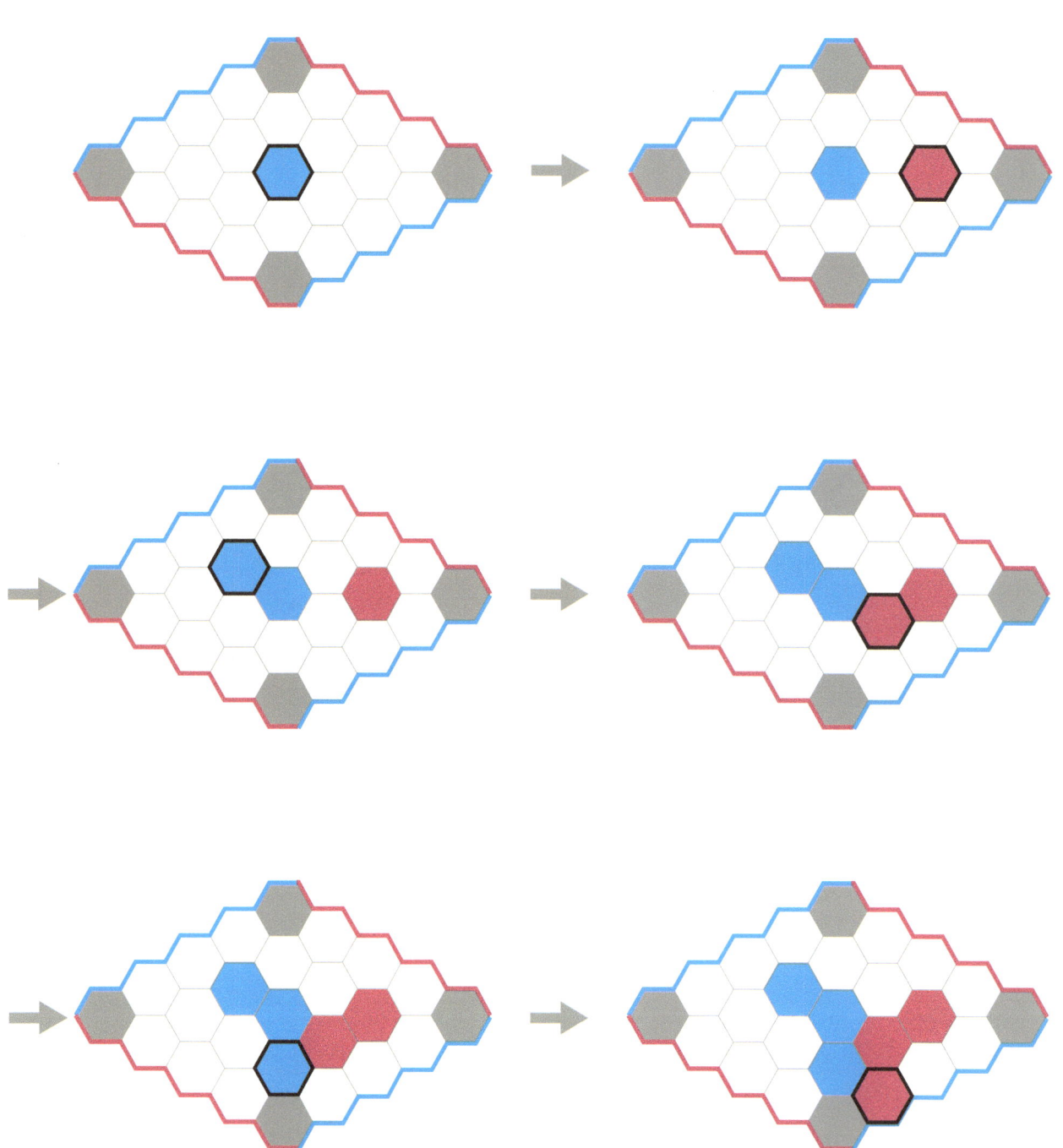

헥스

놀이진행 25칸 헥스

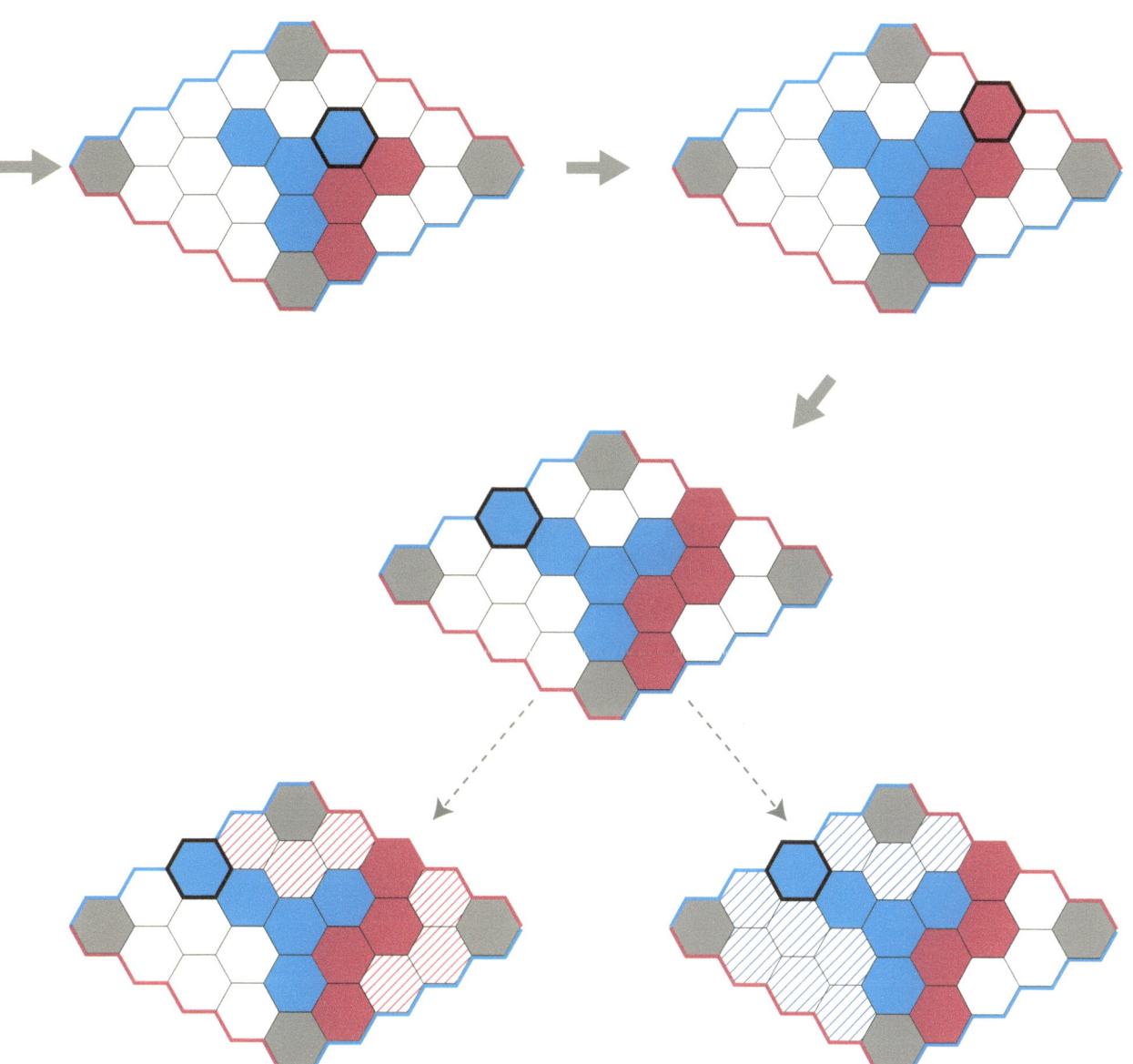

어느 곳을 칠하던 파란색에 막혀 반대편 빨간선으로 건너가지 못한다.

어느 곳을 칠하던 빨간색에 막혀 반대편 파란선으로 건너가지 못한다.

무승부다!

헥스

놀이진행 81칸 헥스

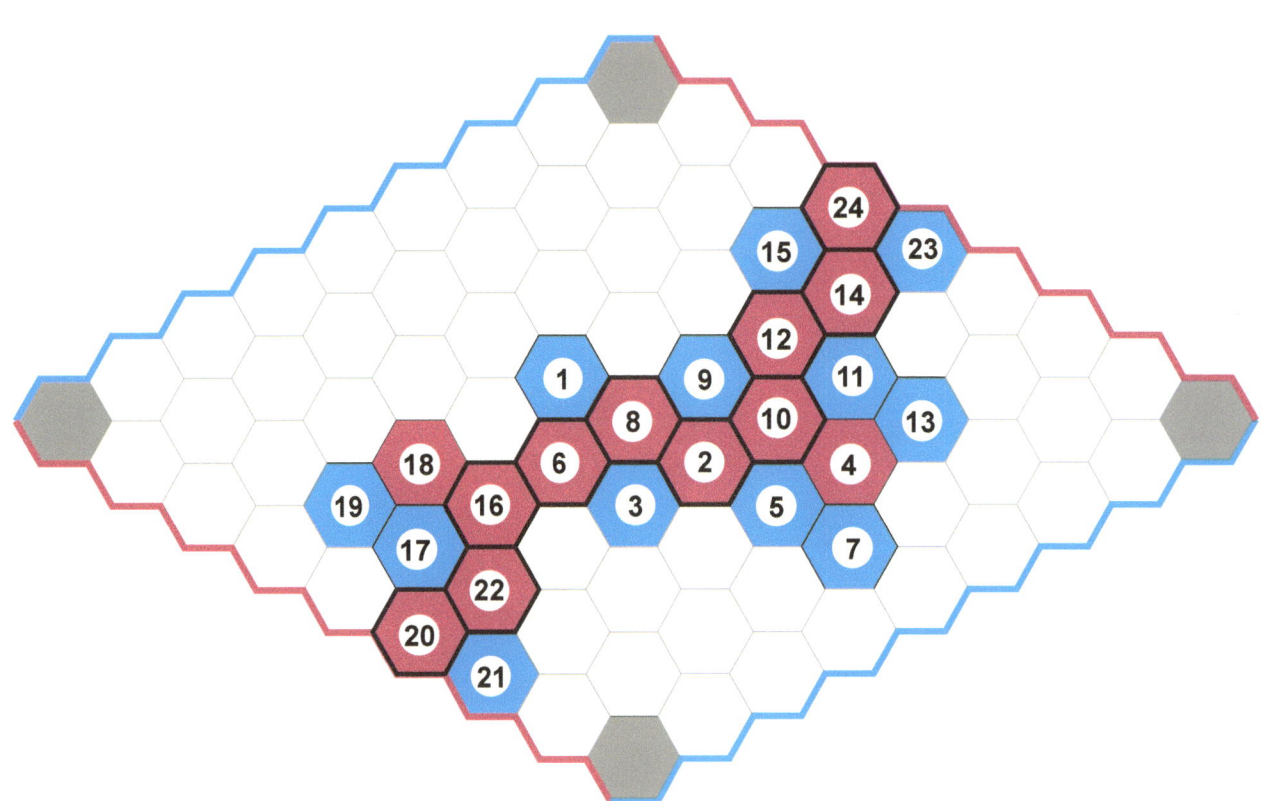

빨간색이 먼저 연결되어 승리하였다.

헥스(25칸)

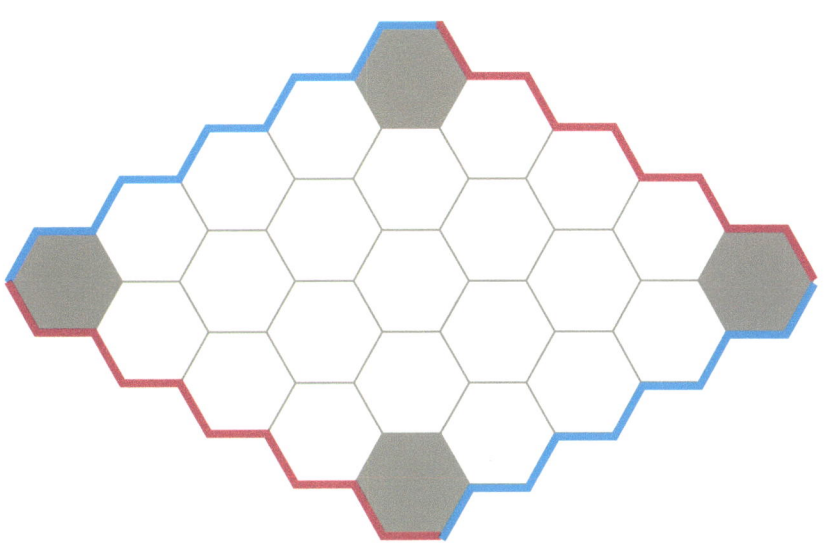

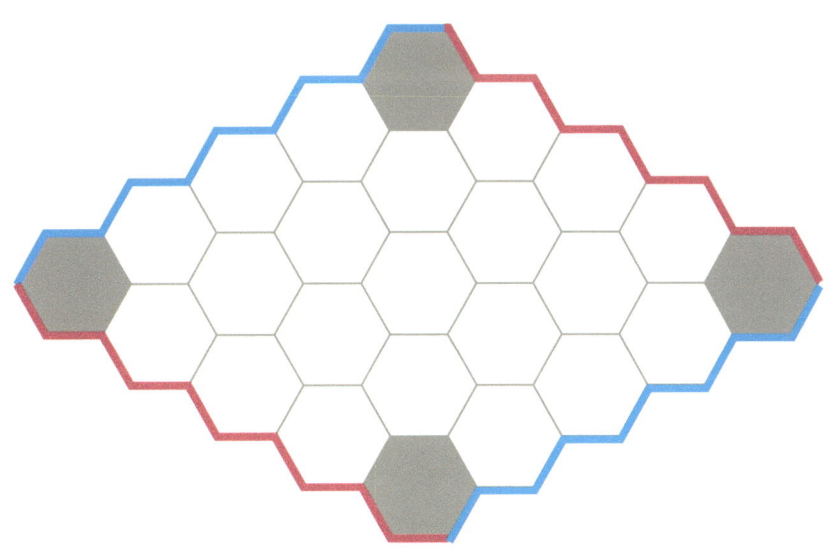

헥스(81칸)

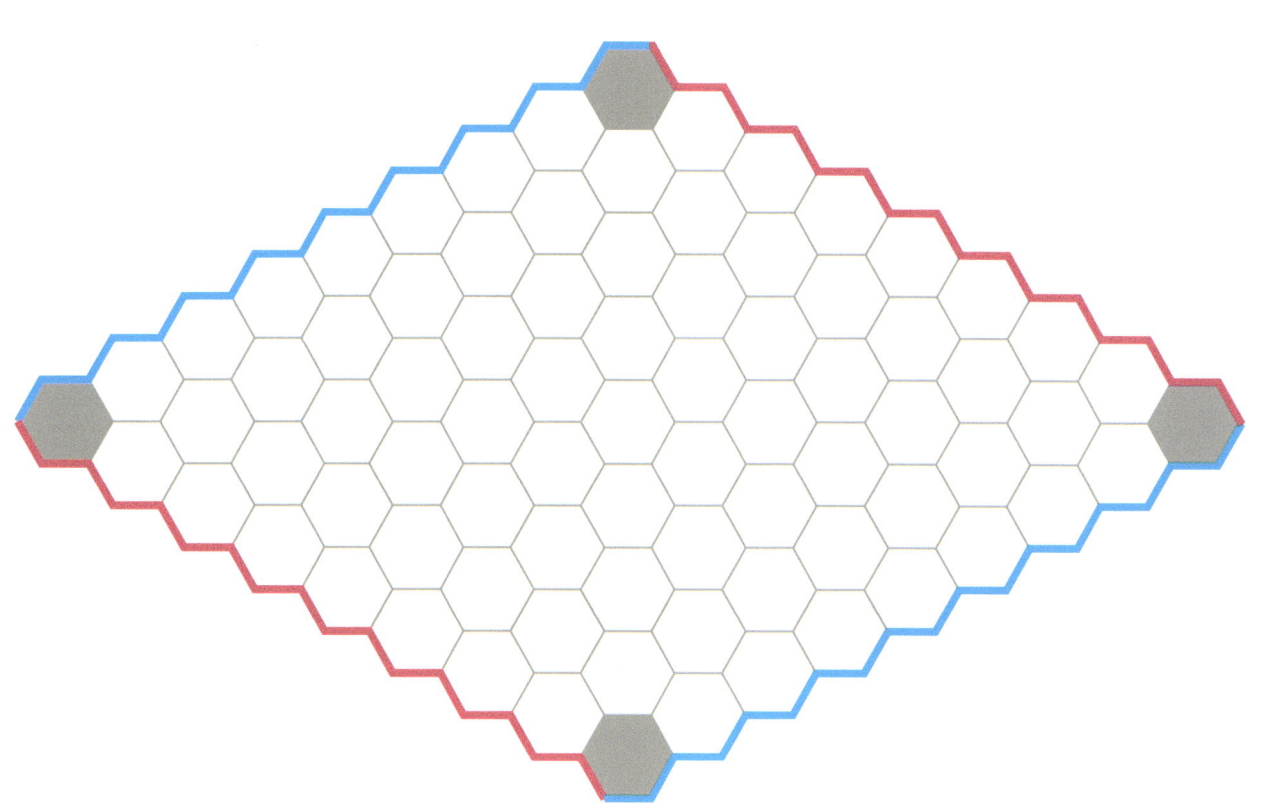

뜻밖의 함정

놀이목표

숫자이 합이 큰 사람이 승리하는 게임이다.

놀이방법

1. 서로 다른 색으로 번갈아가며 놀이판에 정해진 숫자를 순서대로 쓴다.
2. 정해진 숫자를 모두 쓰면 놀이판의 도형이 2개가 남는다. 이 도형을 중심으로 주위의 숫자를 모두 ×표 한다.

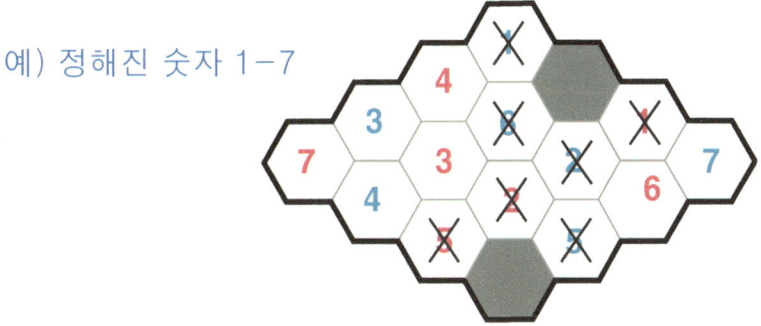

예) 정해진 숫자 1-7

3. 남아 있는 숫자들을 각각 더해 합이 큰 사람이 이기게 된다. 빨간 숫자가 이겼다.

$$3+4+6+7=20$$

$$3+4+7=14$$

Tip

랜덤(무작위)게임이라도고 할 수 있지만 숫자를 쓰지 않은 함정의 위치를 잘 예측해야 이길 수 있다. 일반적으로 이 유형의 게임에서는 함정을 하나만 만들지만 그러면 나중에 숫자를 채우는 사람이 유리하므로 두 칸을 비워서 기회의 균등을 꾀했다.

뜻밖의 함정

놀이규칙 함정과 맞닿은 면은 모두 ×표 한다.

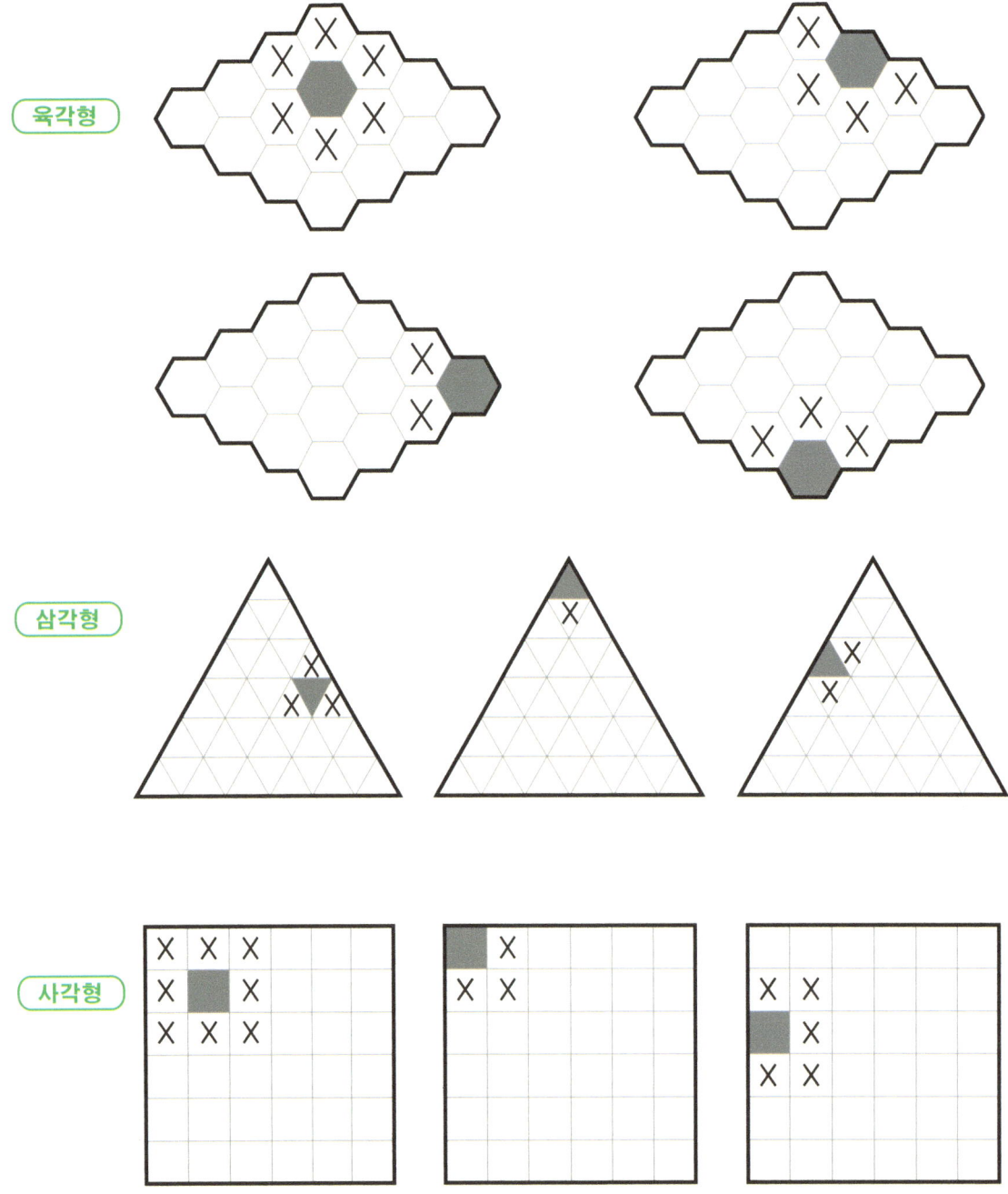

뜻밖의 함정

놀이진행 육각형 놀이판(1-7까지 쓰기)

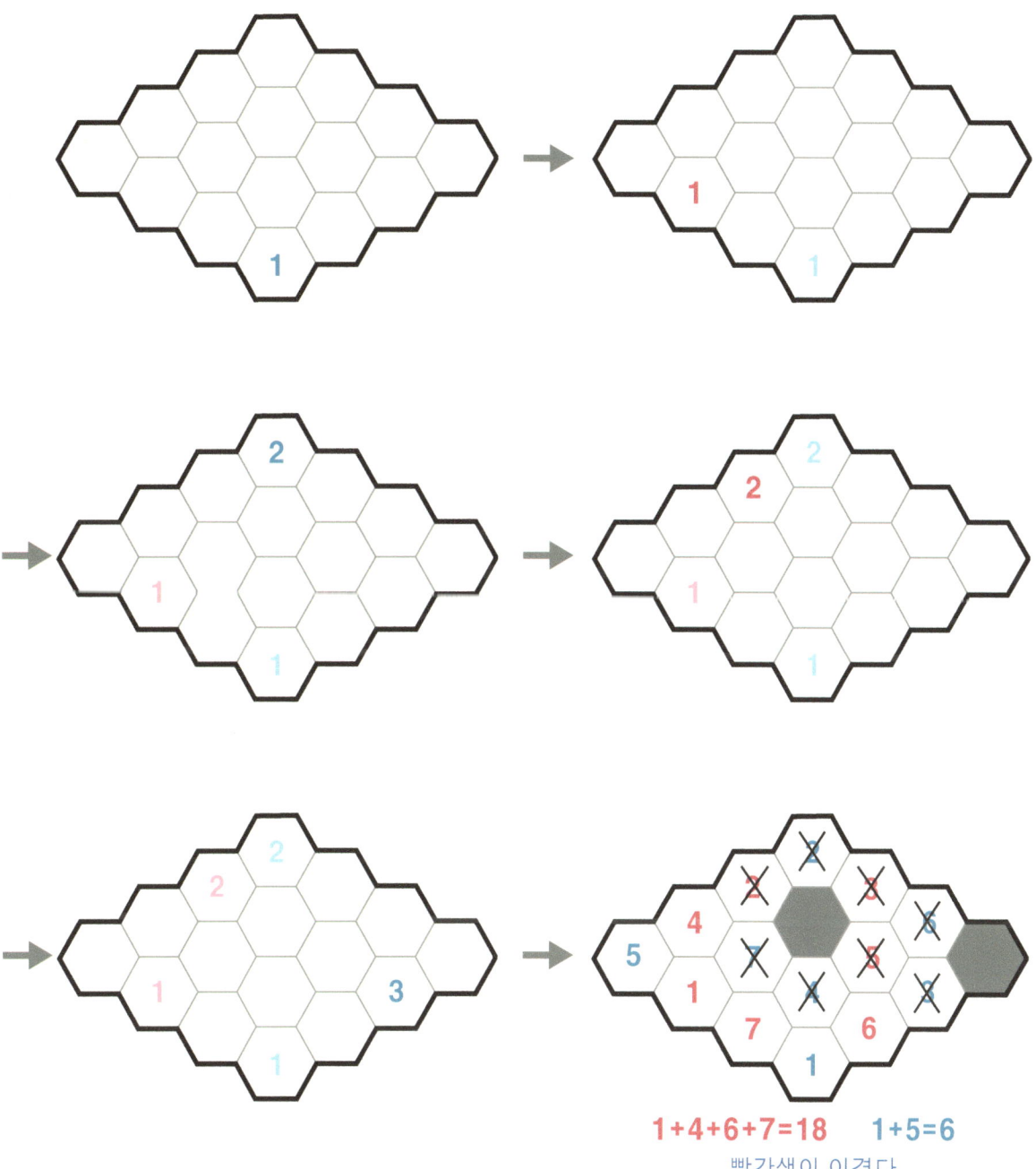

1+4+6+7=18   1+5=6
빨간색이 이겼다.

뜻밖의 함정

놀이진행 삼각형 놀이판 (1-7까지 쓰기)

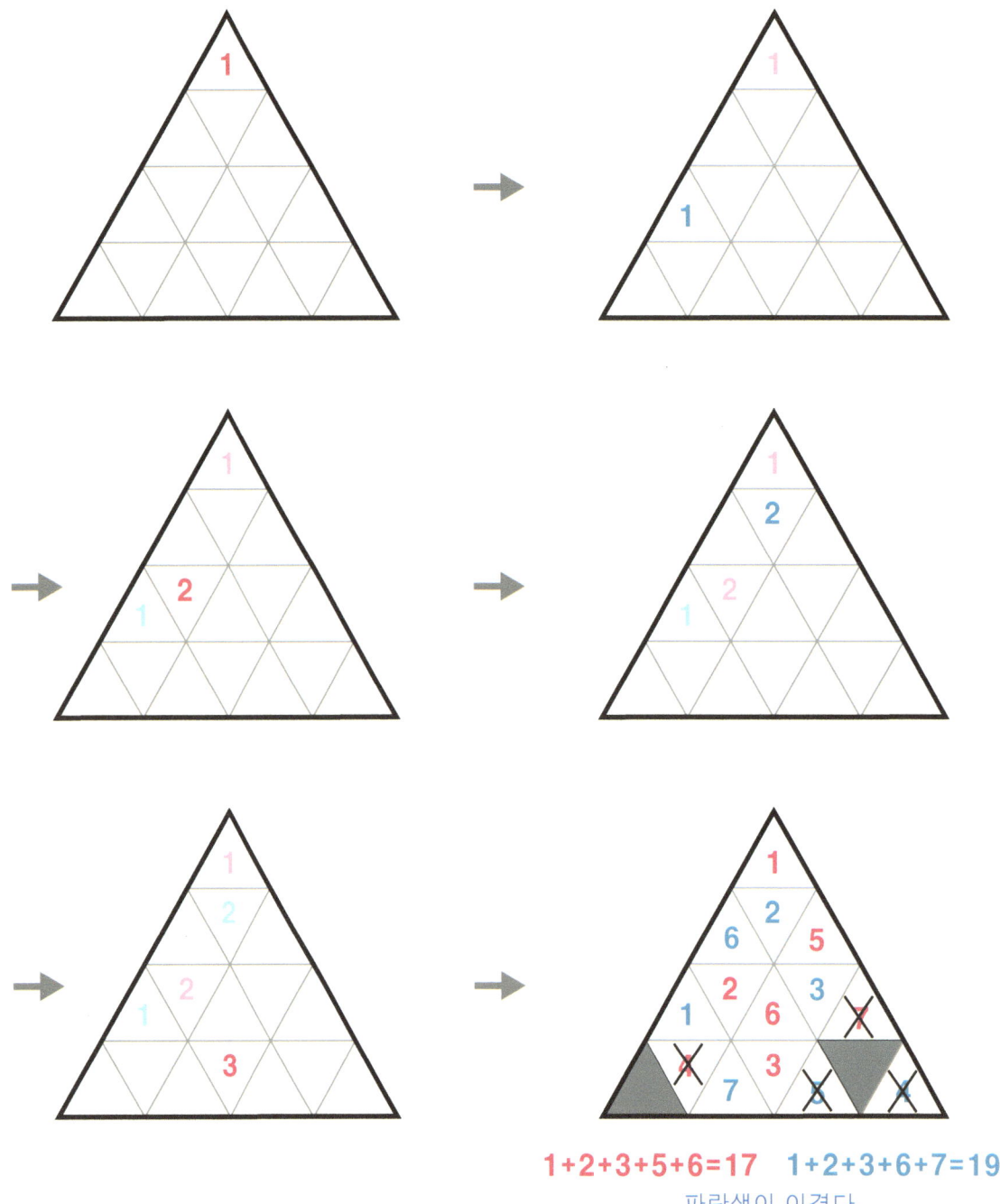

1+2+3+5+6=17   1+2+3+6+7=19
파란색이 이겼다.

뜻밖의 함정

놀이진행 사각형 놀이판(1-17까지 쓰기)
빈 칸이 많을 경우 아래처럼 한 번에 숫자를 세 개씩 써도 된다.

1+4+5+6+7+8+11+12+13=67
1+2+7+6+12+11+8+10+9+17=83
파란색이 이겼다.

뜻밖의 함정.(육각형)

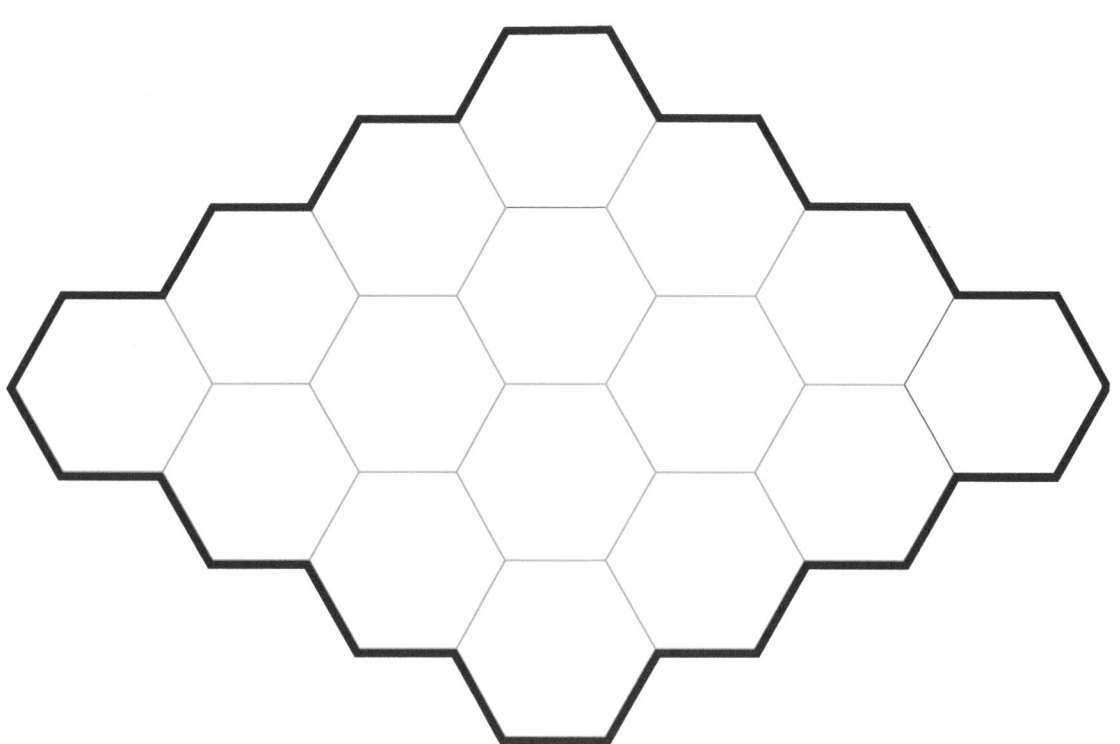

뜻밖의 함정.(삼각형)

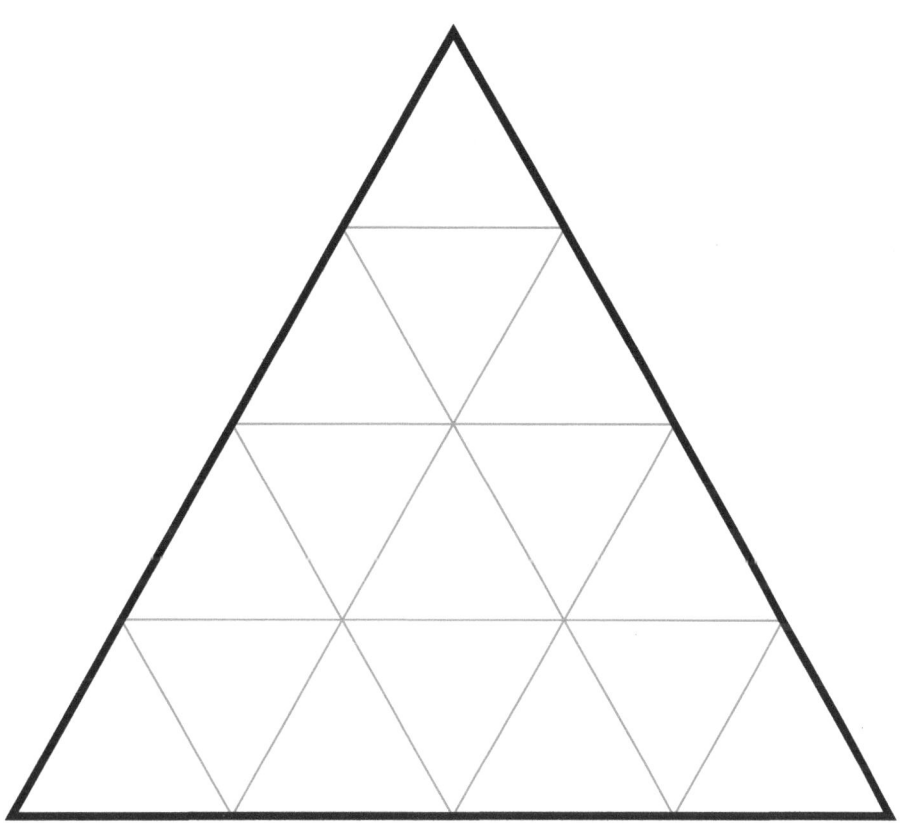

뜻밖의 함정.(사각형)

꼬불꼬불 미로 여행

놀이목표

출발점에서 미로까지 길을 그리면서 찾아가는 게임이다.

놀이방법

1. 출발점에서 시작하여 서로 번갈아가며 길을 그린다.
2. 어쩔수 없이 미로에 도착하는 사람이 지는 게임이다.

놀이규칙

1. 맨 처음은 출발점에서 시작하여 위나 오른쪽으로 진행한다.

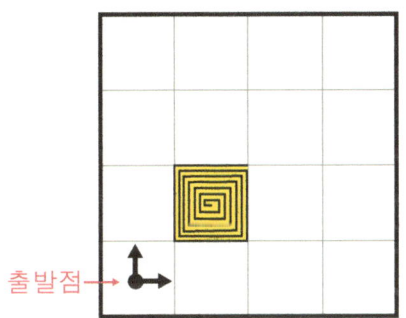

2. 대각선을 제외한 어느 방향이든 자유롭게 갈 수 있다.
3. 한 번에 한 칸씩만 갈 수 있다.
4. 한 번 지나간 길은 지나갈 수 없다.

Tip

이 게임은 놀이판의 네모칸이 많아지면 계속 돌고 도는 반복적 진행이 가능하기 때문에 진행 방향에 제한이 없는 대신 네모칸의 수가 제한 된다. 물론 한 번 지나간 길은 다시 갈 수 없는 규칙은 같다.

꼬불꼬불 미로 여행

놀이목표

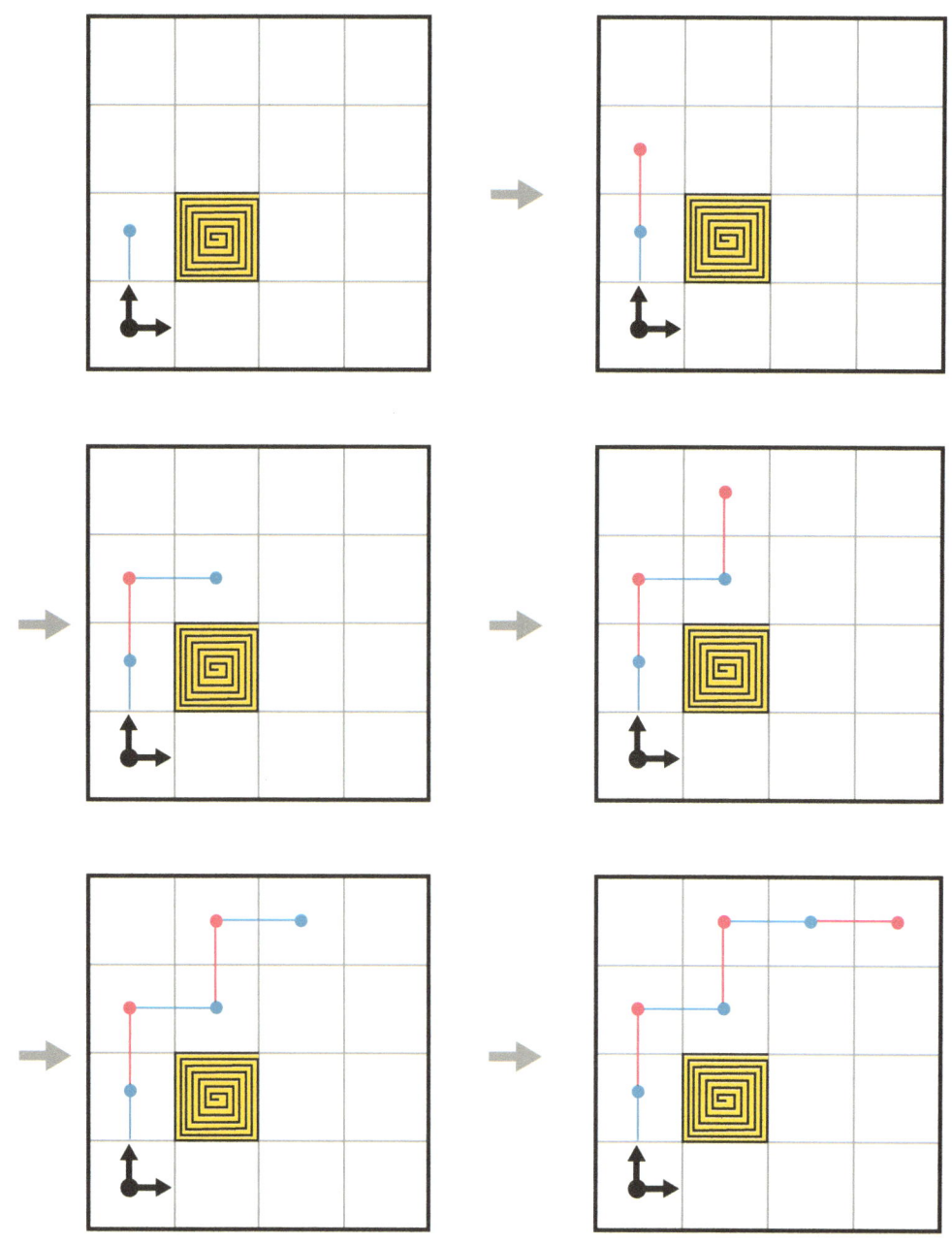

꼬불꼬불 미로 여행

놀이진행

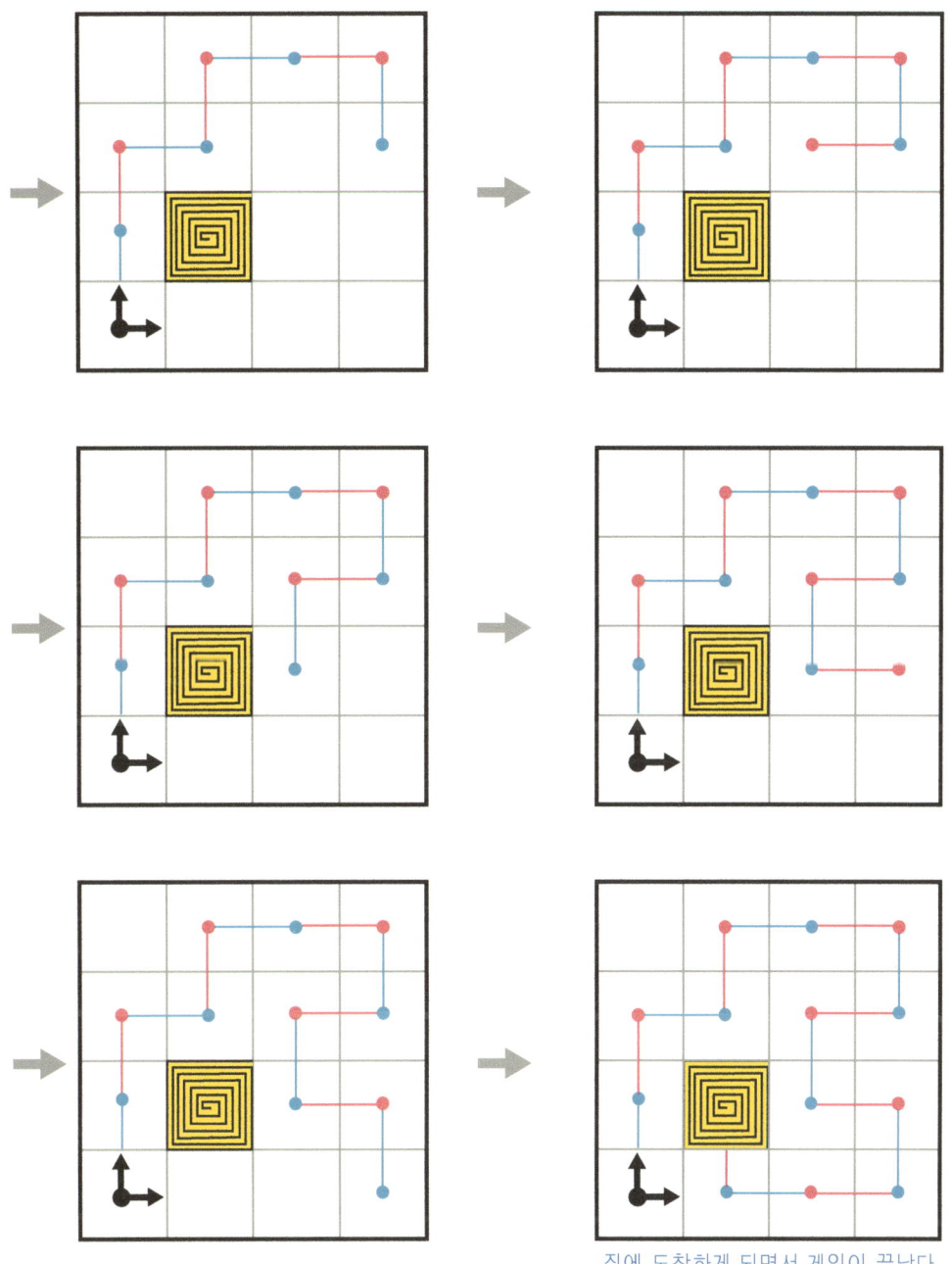

집에 도착하게 되면서 게임이 끝났다.

꼬불꼬불 미로 여행(4×4)

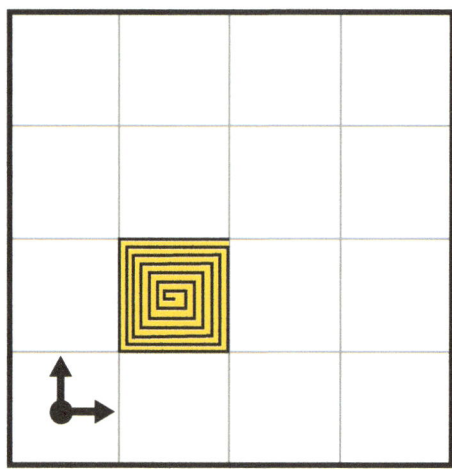

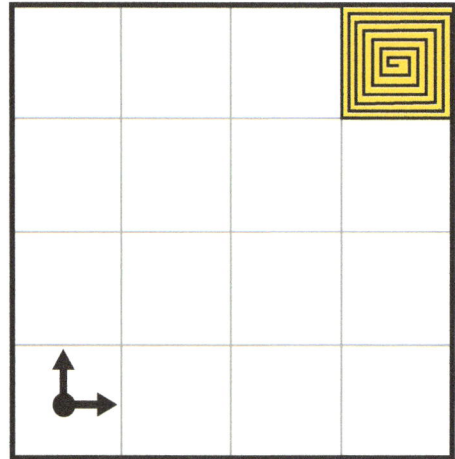

꼬불꼬불 미로 여행(5×5)

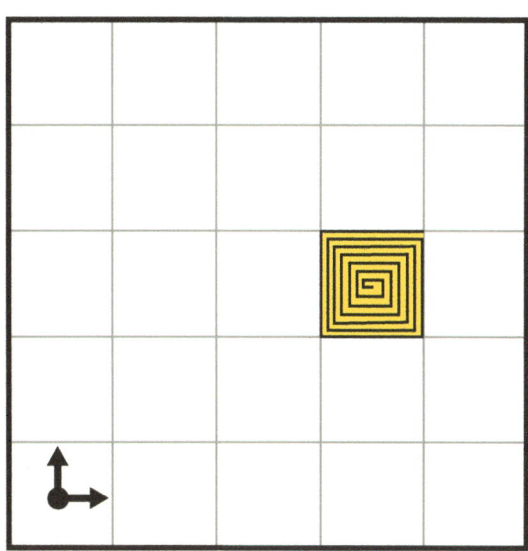

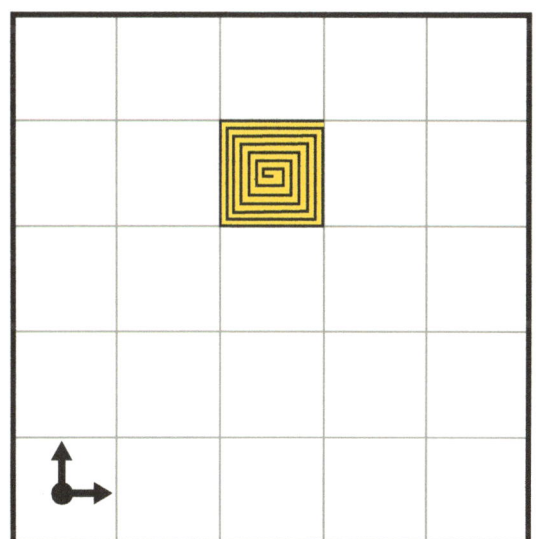

꼬불꼬불 미로 여행(6×6)

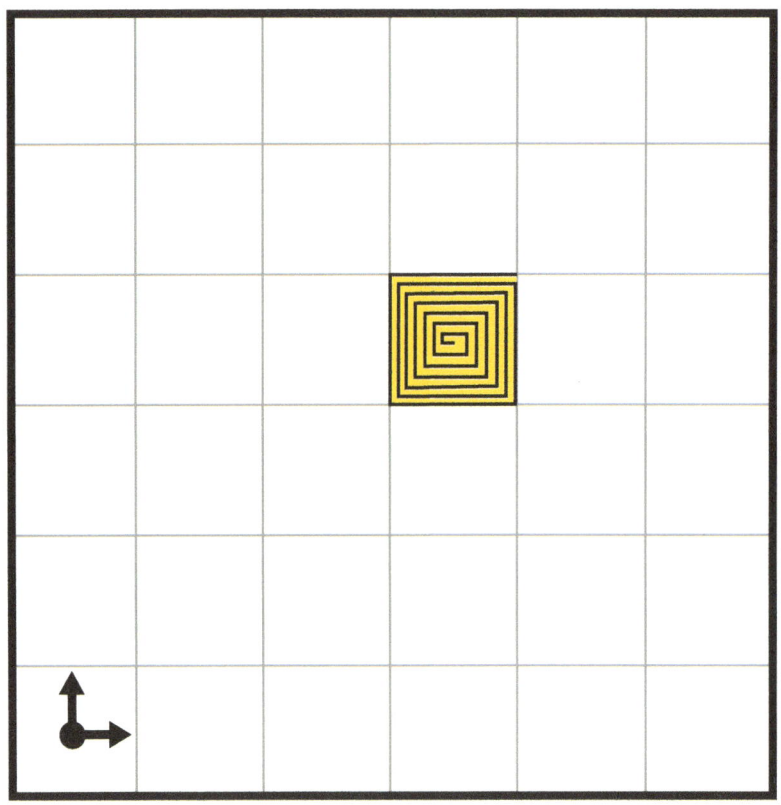

주전자에 무늬 그리기

놀이목표

주전자게 더 많은 무늬를 그리는 게임이다.

놀이방법

1. 서로 번갈아가며 주전자게 한 명은 O표, 또 한 명은 X표를 그린다.

2. 한 명은 주전자 주둥이에서 시작하고 다른 한 명은 손잡이부터 시작한다.

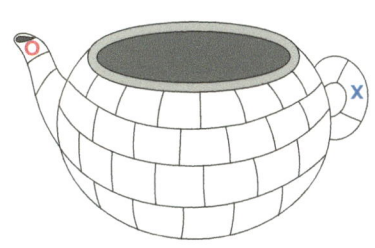

3. 반드시 같은 무늬끼리 연결해서 그려 나가야 한다.

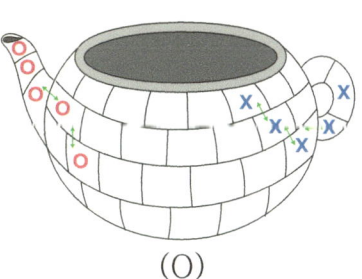
(O)

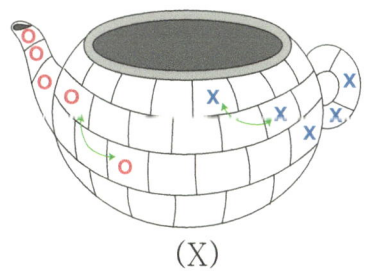
(X)

3. 더이상 무늬를 그릴 수 없는 사람이 지게 된다.

Tip

헥스와 유사한 게임이다.
먼저 칠할 수 있는 영역을 많이 확보하는 사람이 유리하다.
양쪽 옆에서 시작해도 되지만 위 아래부터 시작해도 무관하다.

주전자에 무늬 그리기

놀이진행

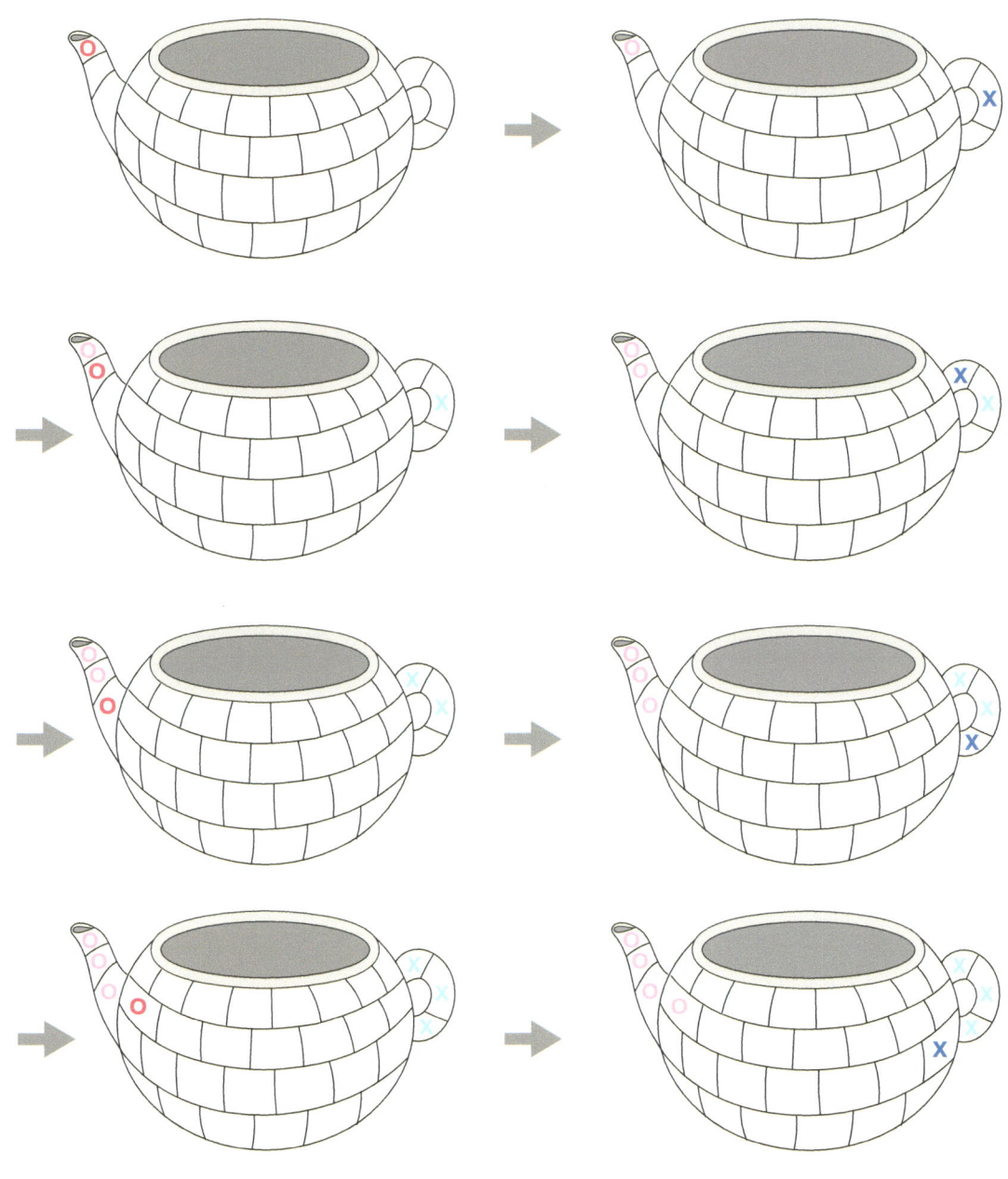

주전자에 무늬 그리기

놀이진행

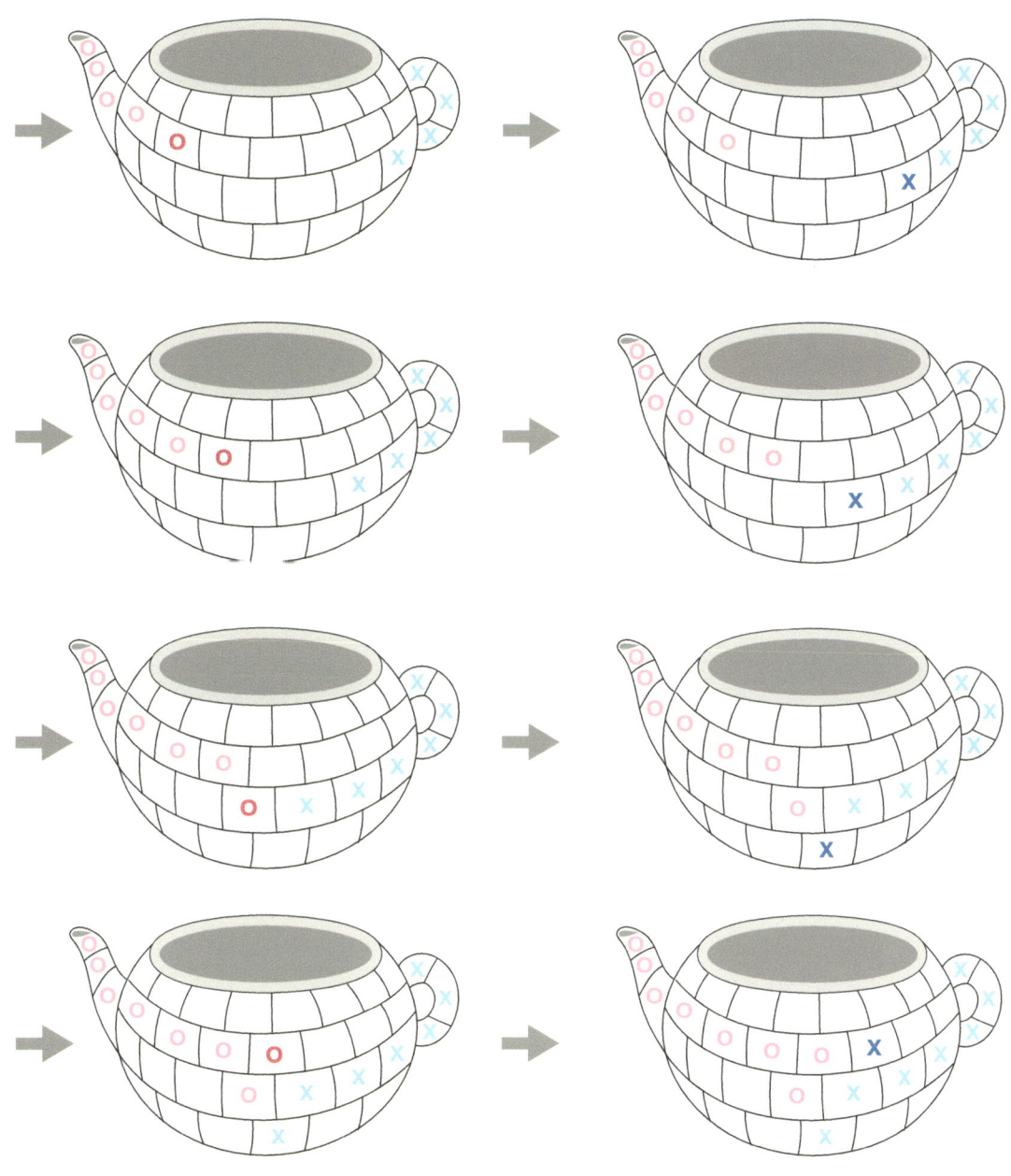

주전자에 무늬 그리기

놀이진행

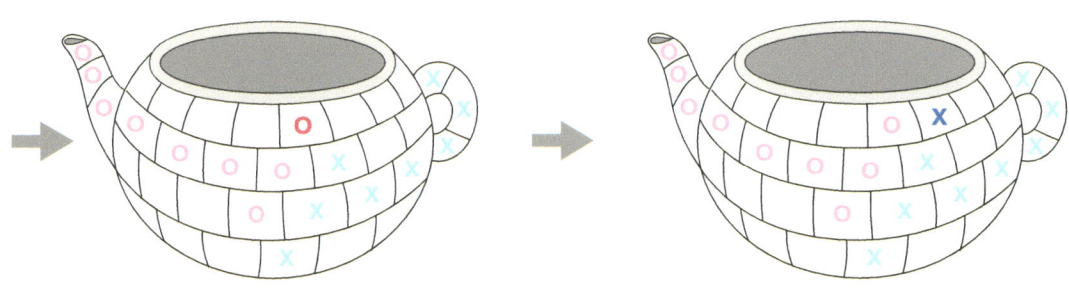

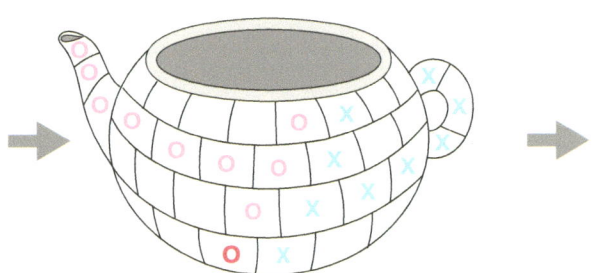

여기까지 빨간색은 10개 파란색은 9개이다.

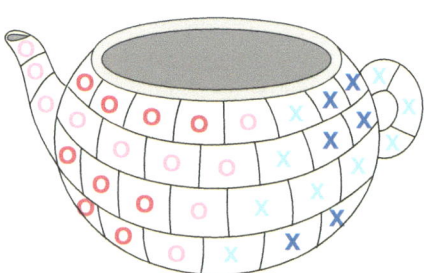

나머지 빈 곳을 서로 번갈아가며 표시한다면 빨간색은 9개 파란색은 6개를 더 표시할 수 있어서 빨간색이 이기게 된다.

주전자에 무늬 그리기. 1

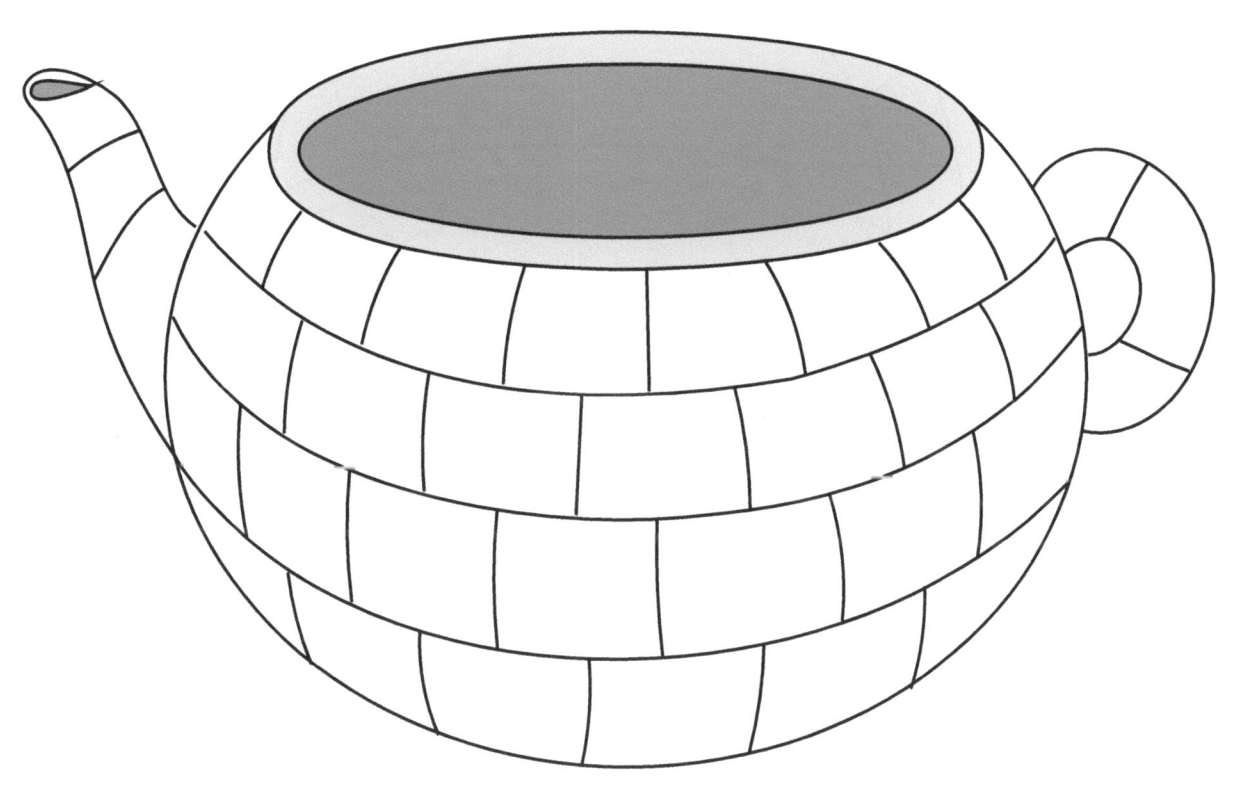

주전자에 무늬 그리기. 2

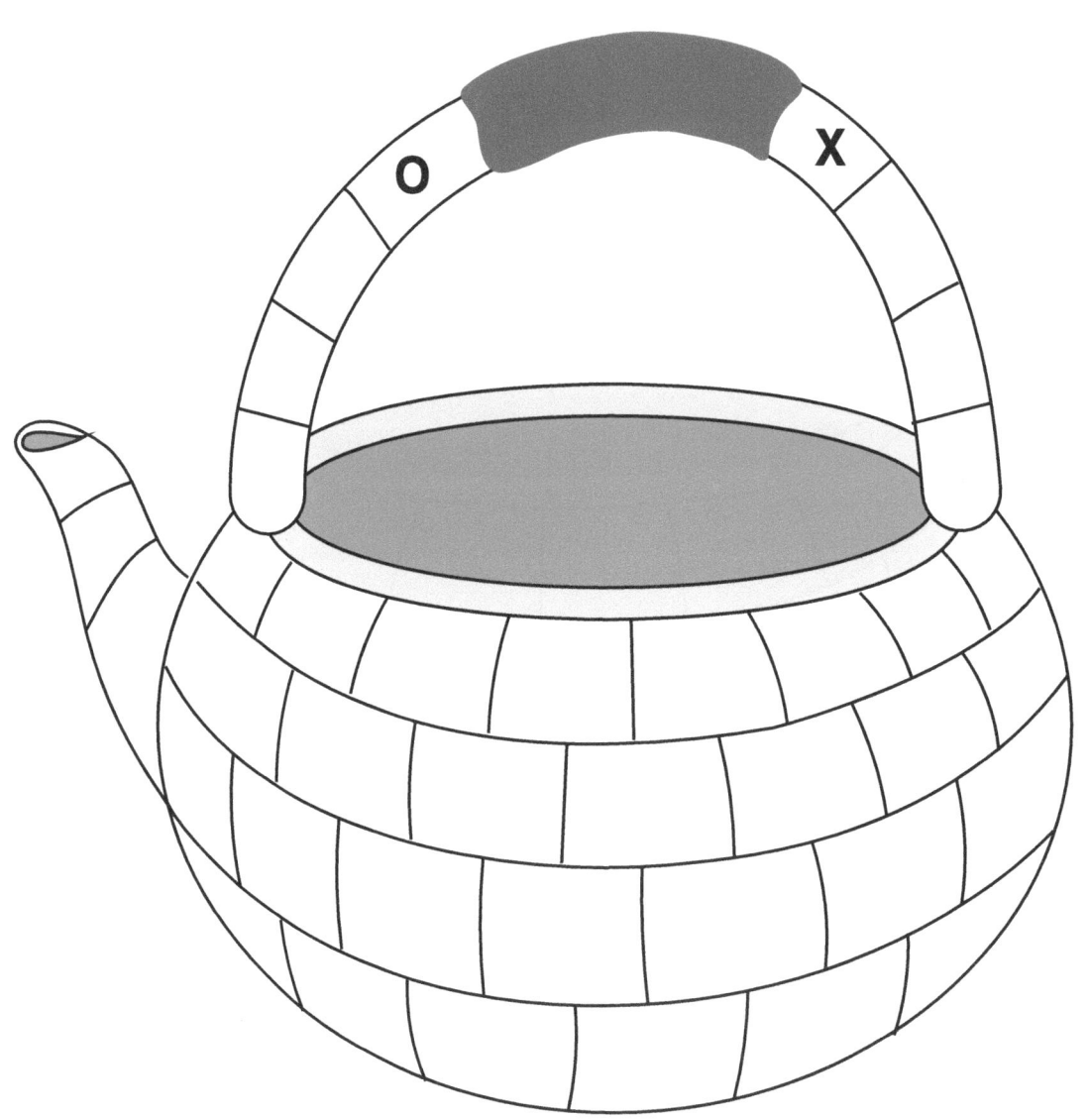

O X 표시한 곳에서 서로 시작하세요.

길 건너기

놀이목표

반대 방향으로 점을 연결하여 길을 건너는 게임이다.

놀이방법

1. 서로 번갈아가며 놀이판의 점을 하나씩 가로와 세로로만 연결한다.

2. 한사람은 위에서 아래로, 다른 사람은 왼쪽에서 오른쪽으로 점을 연결해 나간다.
   이때 한사람은 흰색점, 다른 사람은 검은색점을 이용하면 각자의 점만 연결할 수 있다.

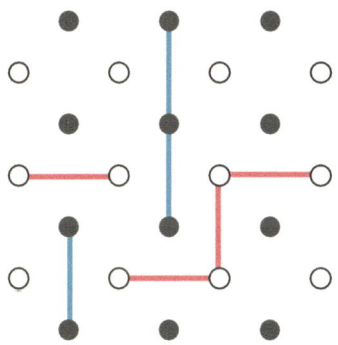

3. 먼저, 위에서 아래, 또는 왼쪽에서 오른쪽으로 반대편으로 길을 건너간 사람이 이기는 게임이다.

Tip

헥스와 유사한 게임이다.
점의 수를 늘려가면 좀더 전략이 필요한 게임이다.

길 건너기

놀이규칙

1. 점을 연결할 때에는 선과 선을 바로 붙여서 연결할 필요는 없다. 즉, 임의의 위치에서 연결할 수 있다.

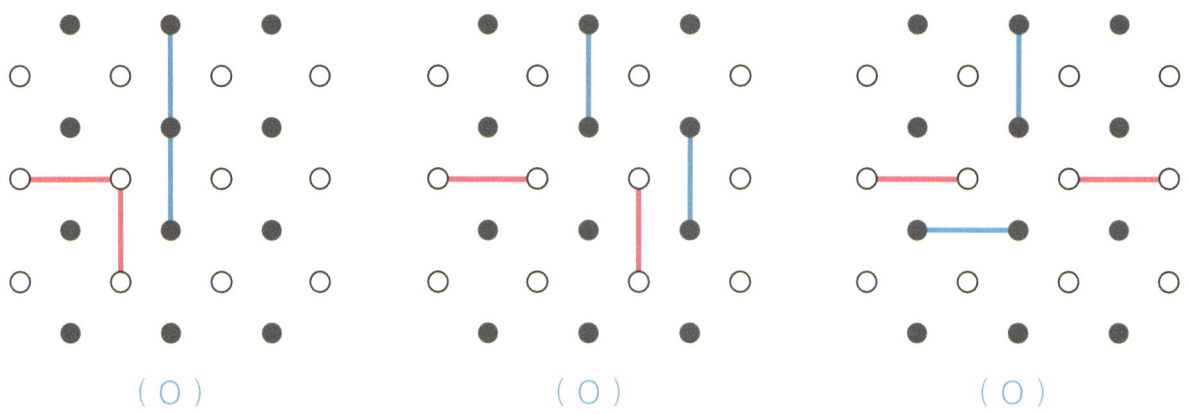

(O) (O) (O)

2. 상대방이 연결한 선을 가로지르거나 상대방의 점을 지나갈 수 없다.

3. 선이 연결되어 사각형을 만들면 안된다.

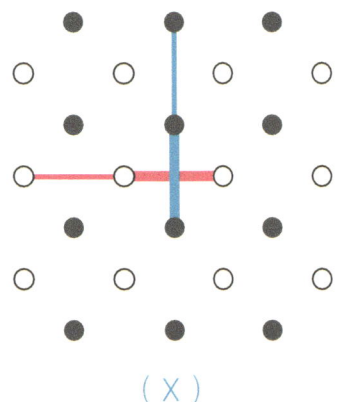
(X)

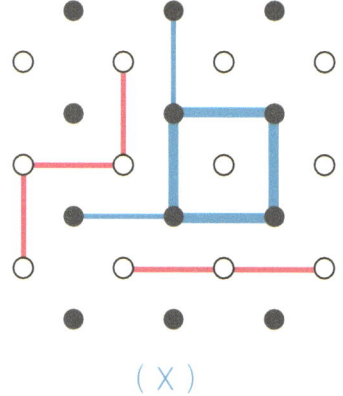
(X)

길 건너기

놀이진행

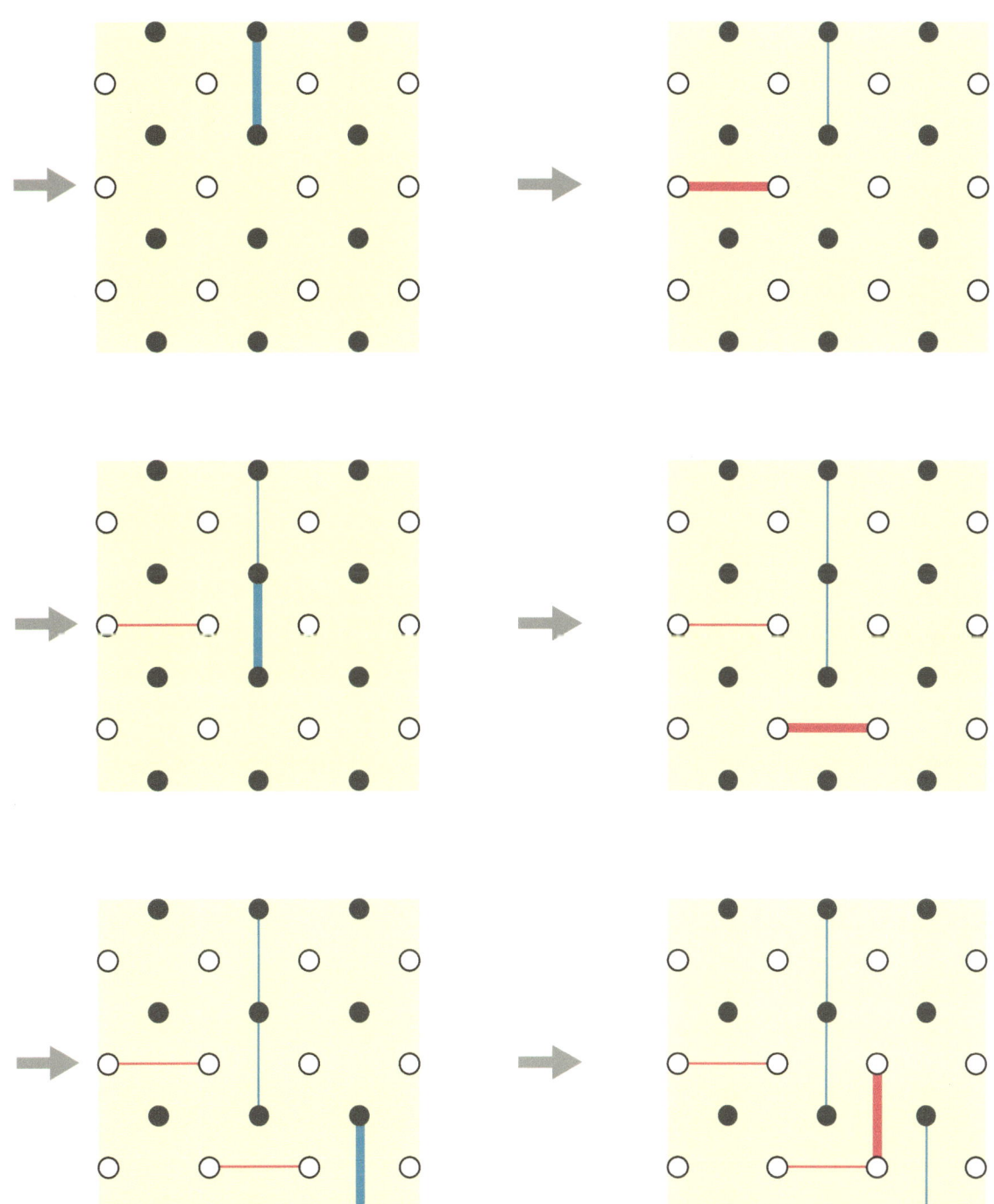

길 건너기

놀이진행

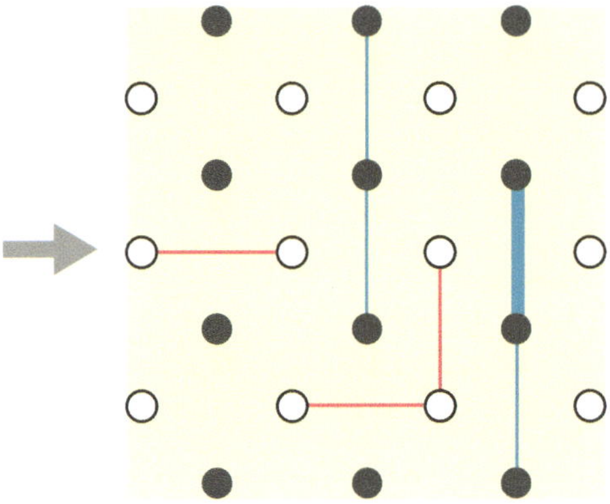

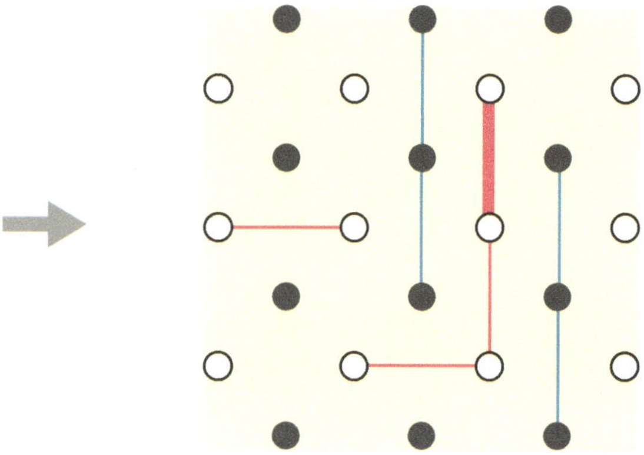

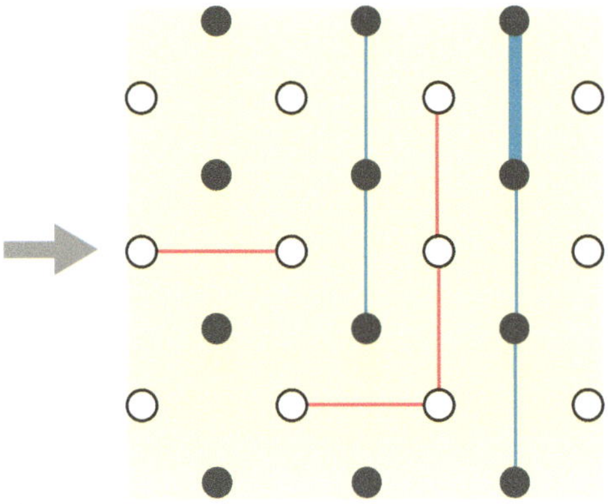

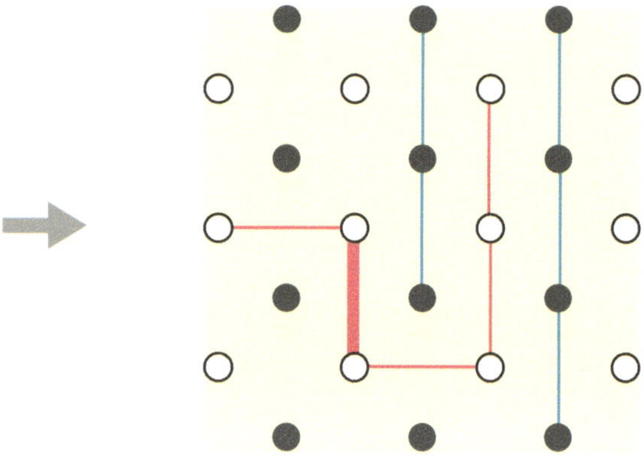

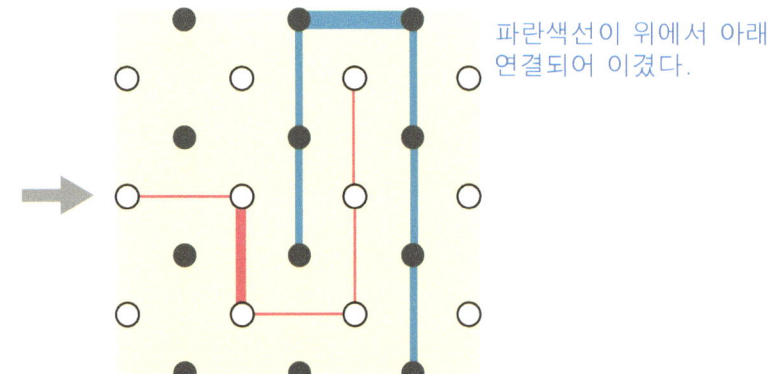

파란색선이 위에서 아래까지
연결되어 이겼다.

길 건너기.1

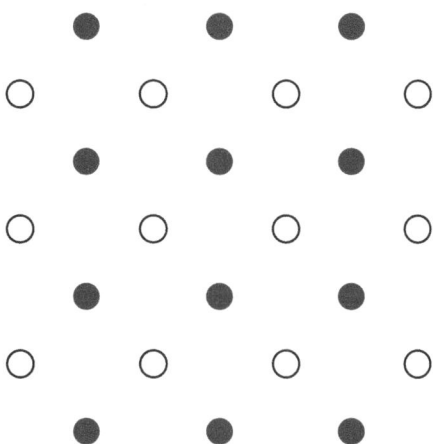

길 건너기.2

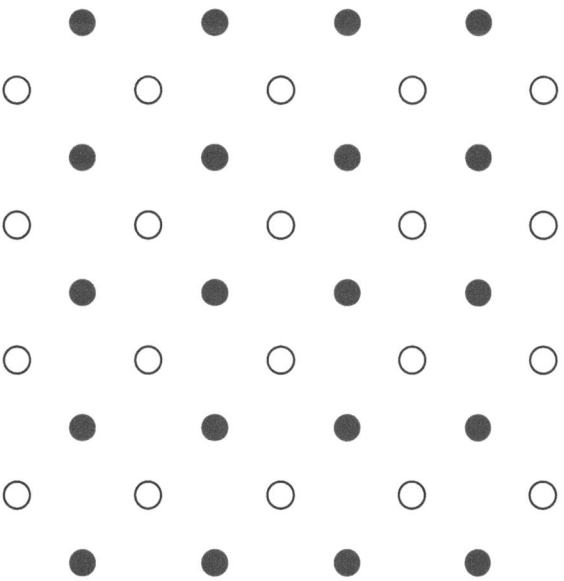

길 건너기.3

사선으로 길 건너기

놀이목표

반대 방향으로 점을 연결하여 길을 건너는 게임이다.

놀이방법

1. 서로 번갈아가며 한사람은 위에서 아래로, 다른 사람은 왼쪽에서 오른쪽으로 점을 연결해 나간다

2. 놀이판의 점은 하나씩 사선으로만 연결한다.

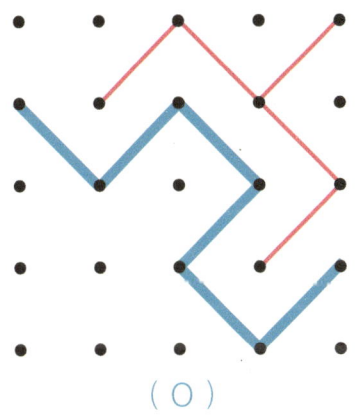
(O)

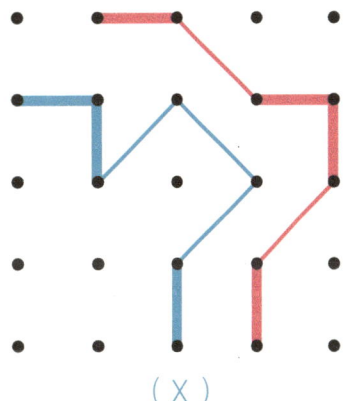
(X)

3. 먼저, 위에서 아래, 또는 왼쪽에서 오른쪽으로 반대편으로 길을 건너간 사람이 이기는 게임이다.

Tip

길 건너기와 유사한 오래된 게임이다.
사선으로만 연결해 나가야 하는 것 외에는 큰 차이점은 없다.
점의 수를 늘려갈수록 전략을 잘 짜야 한다.

사선으로 길 건너기

놀이규칙

1. 점을 연결할 때에는 선과 선을 바로 붙여서 연결할 필요는 없다. 즉, 임의의 위치에서 연결할 수 있다.

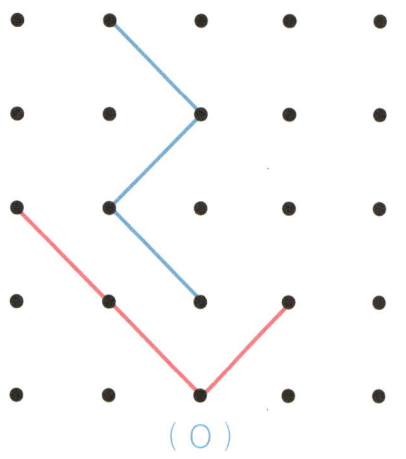
(O)

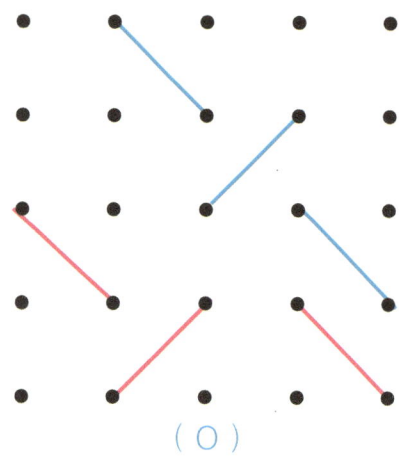
(O)

2. 상대방이 연결한 선을 가로지르거나 상대방의 점을 지나갈 수 없다.

3. 선이 연결되어 사각형을 만들면 안된다.

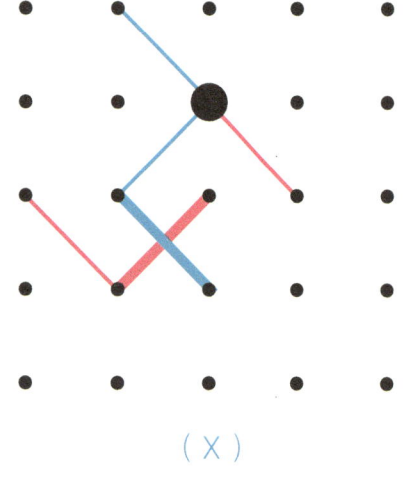
(X)

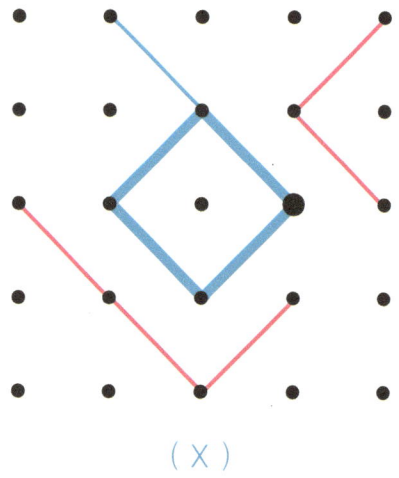
(X)

사선으로 길 건너기

놀이진행

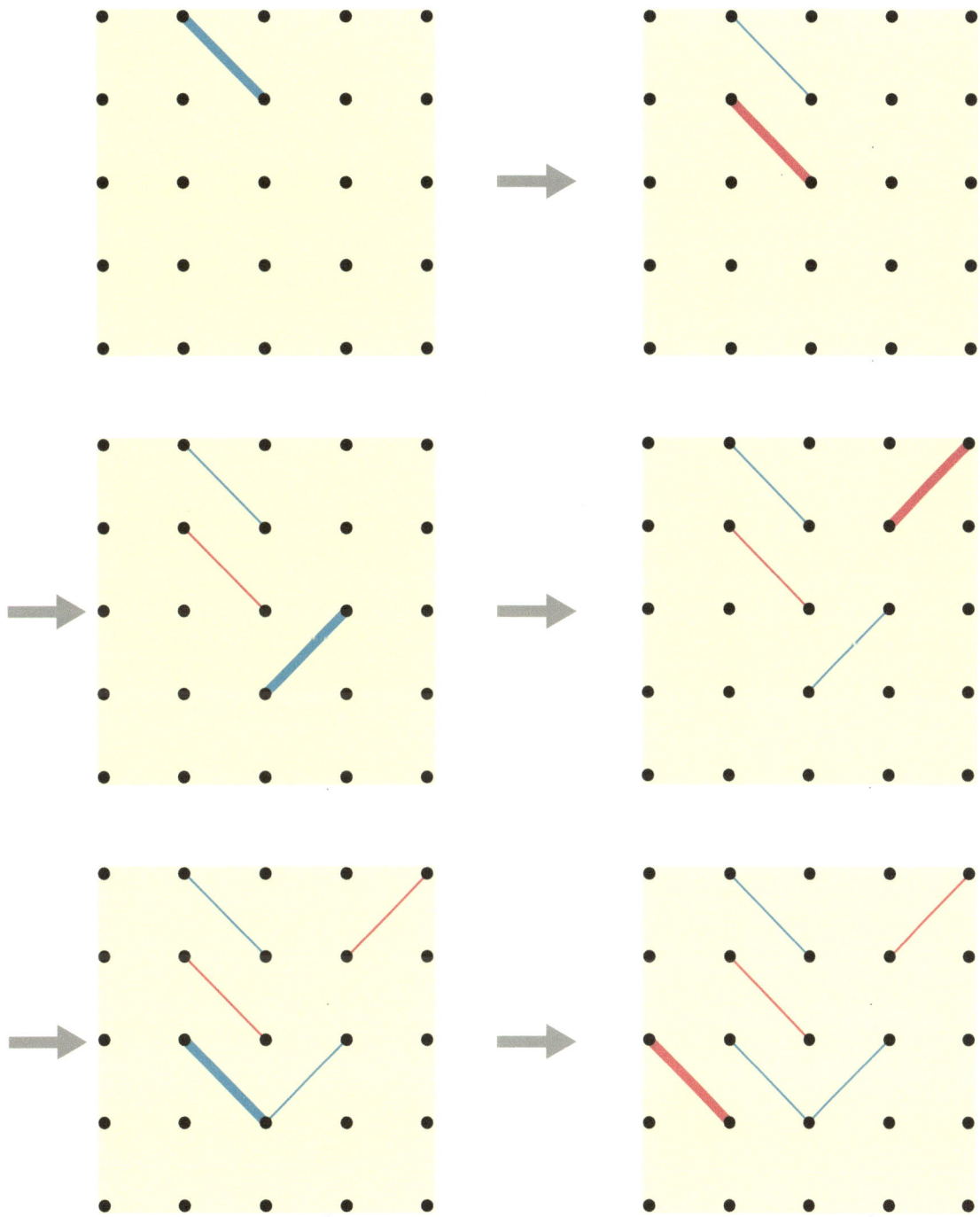

사선으로 길 건너기

놀이진행

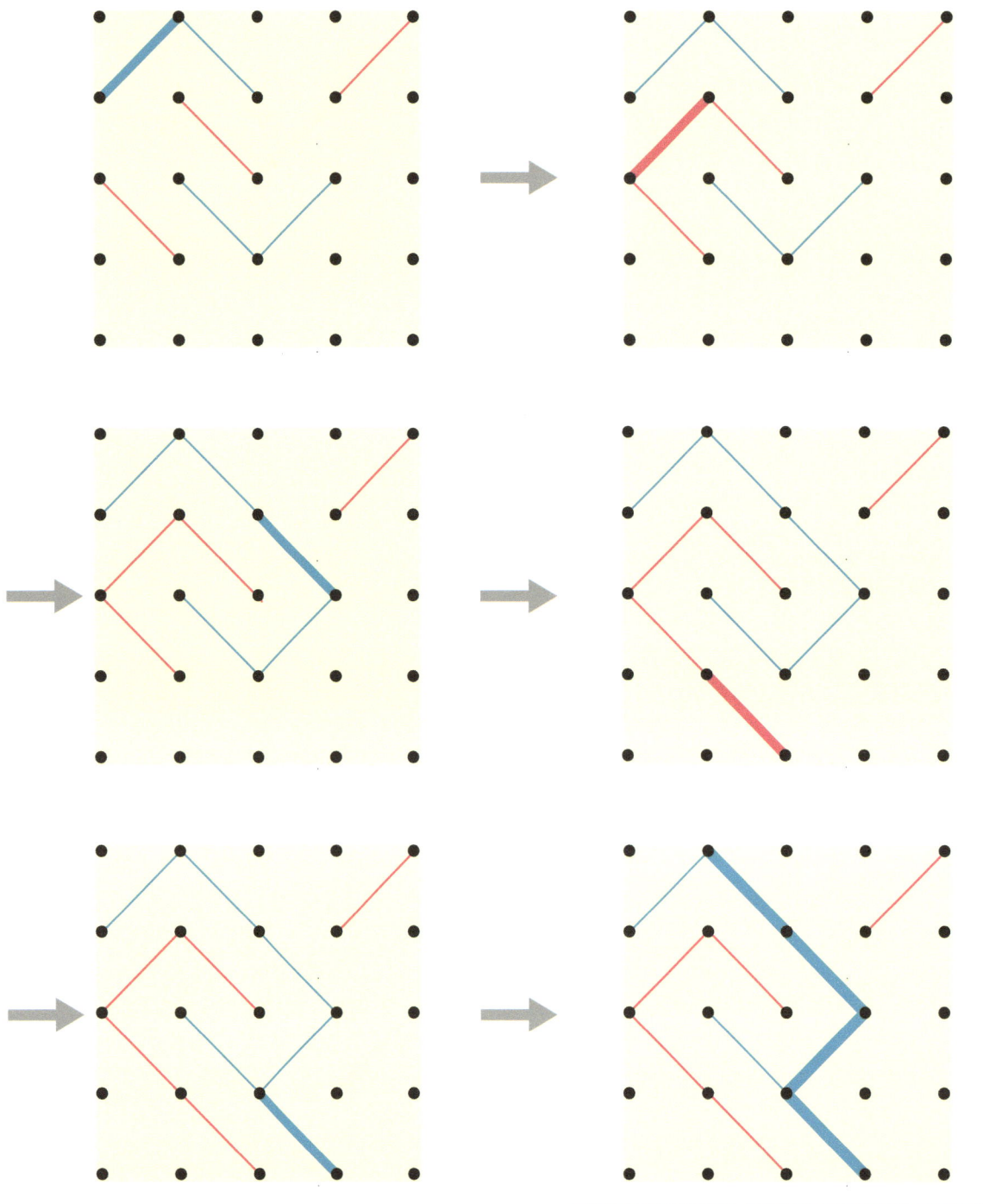

파란선이 위에서 아래로 연결되어 이겼다.

사선으로 길 건너기.1

사선으로 길 건너기.2

사선으로 길 건너기.3

포도 네 송이

놀이목표

포도송이 4개를 연결하여 더 많은 포도송이를 차지하는 게임이다.

놀이방법

1. 서로 번갈아가며 다른 색으로 포도 네송이를 연결해 칠한다. 이때 포도 네송이끼리는 서로 연결되어야 한다.

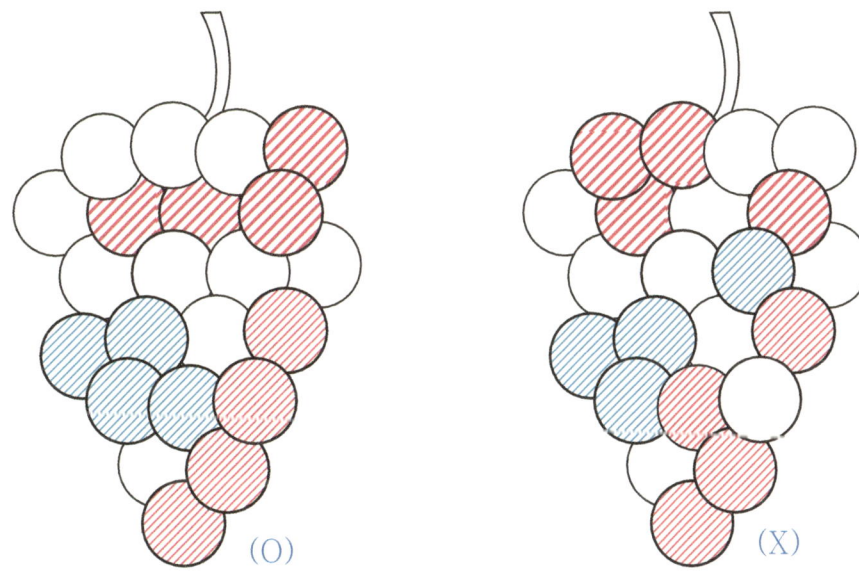

2. 더이상 포도송이를 색칠할 수 없는 사람이 지게 된다.

Tip

정형화된 다각형 모양이 아닌 포도송이에서 네 개의 묶음을 차지하는 게임이다.
빈 공간을 상대방이 활용 못하도록 하면서 내가 차지하는 것이
게임의 핵심이다.

포도 네 송이

놀이진행

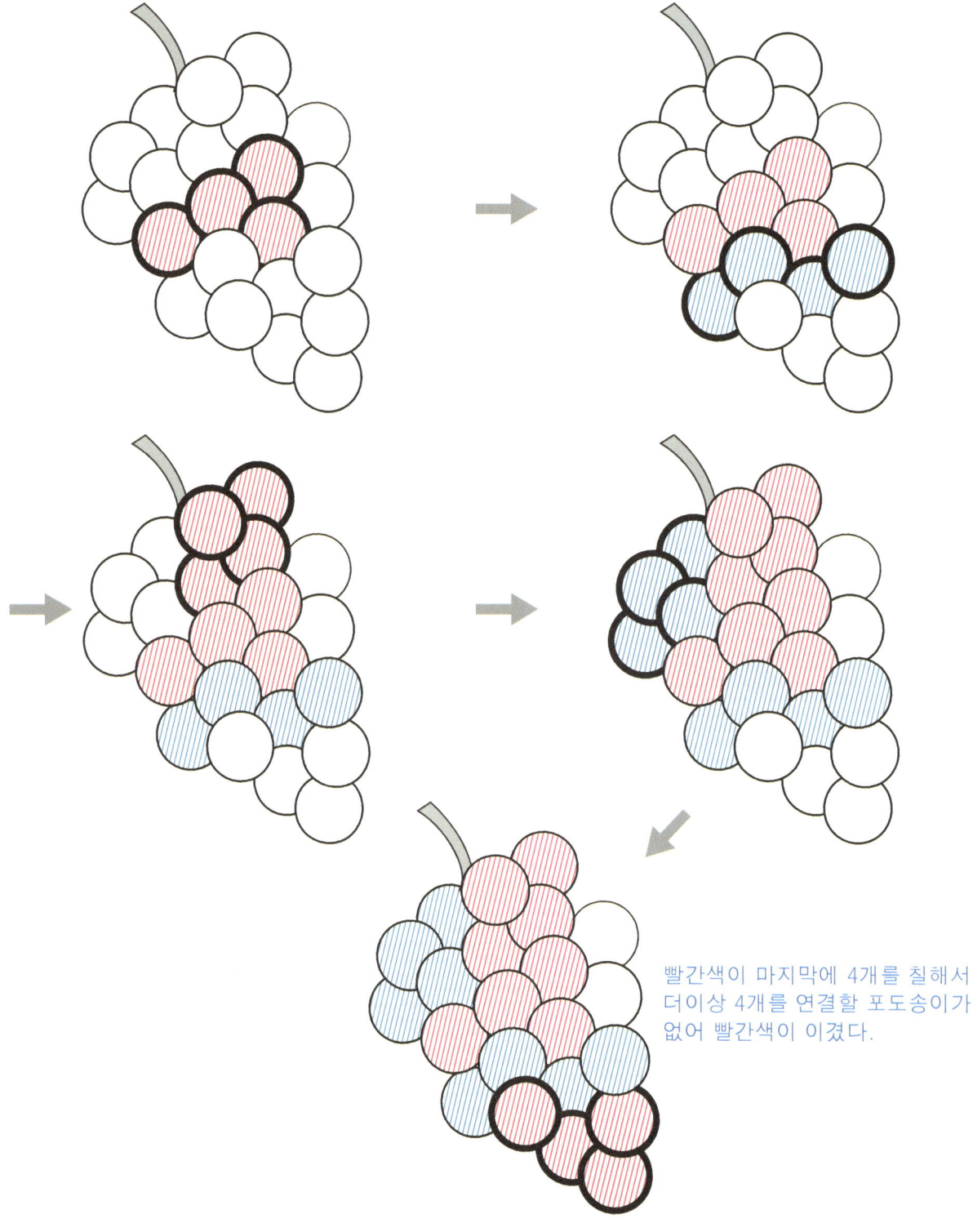

빨간색이 마지막에 4개를 칠해서 더이상 4개를 연결할 포도송이가 없어 빨간색이 이겼다.

포도 네 송이.1

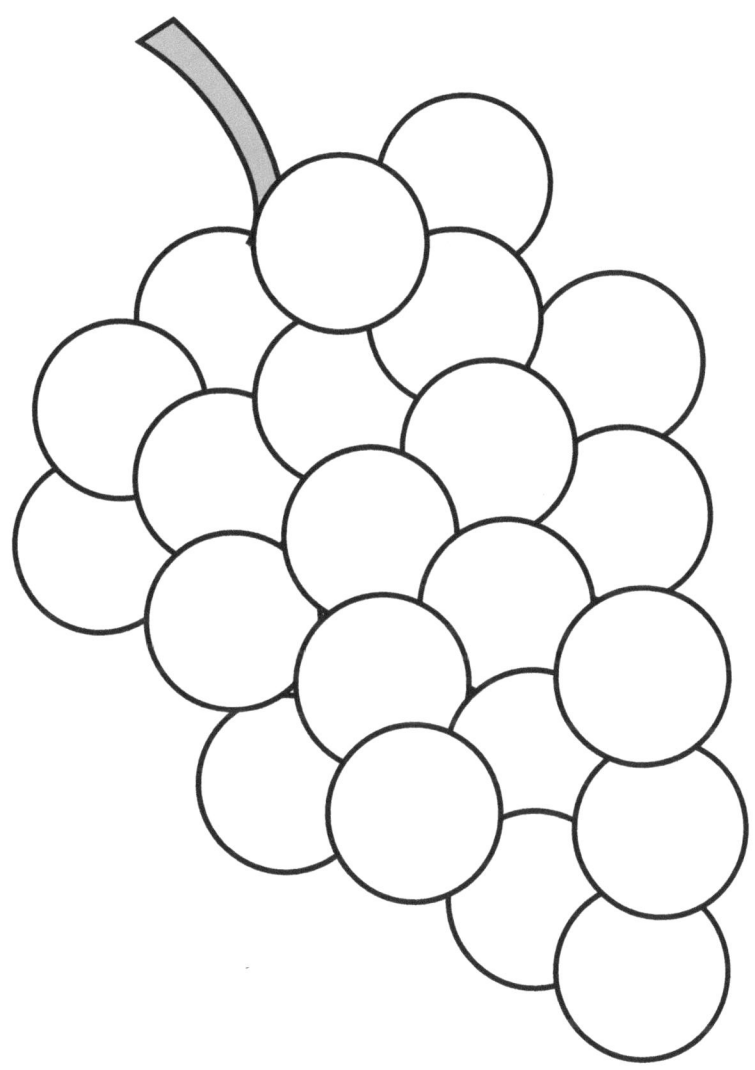

포도 네 송이.2

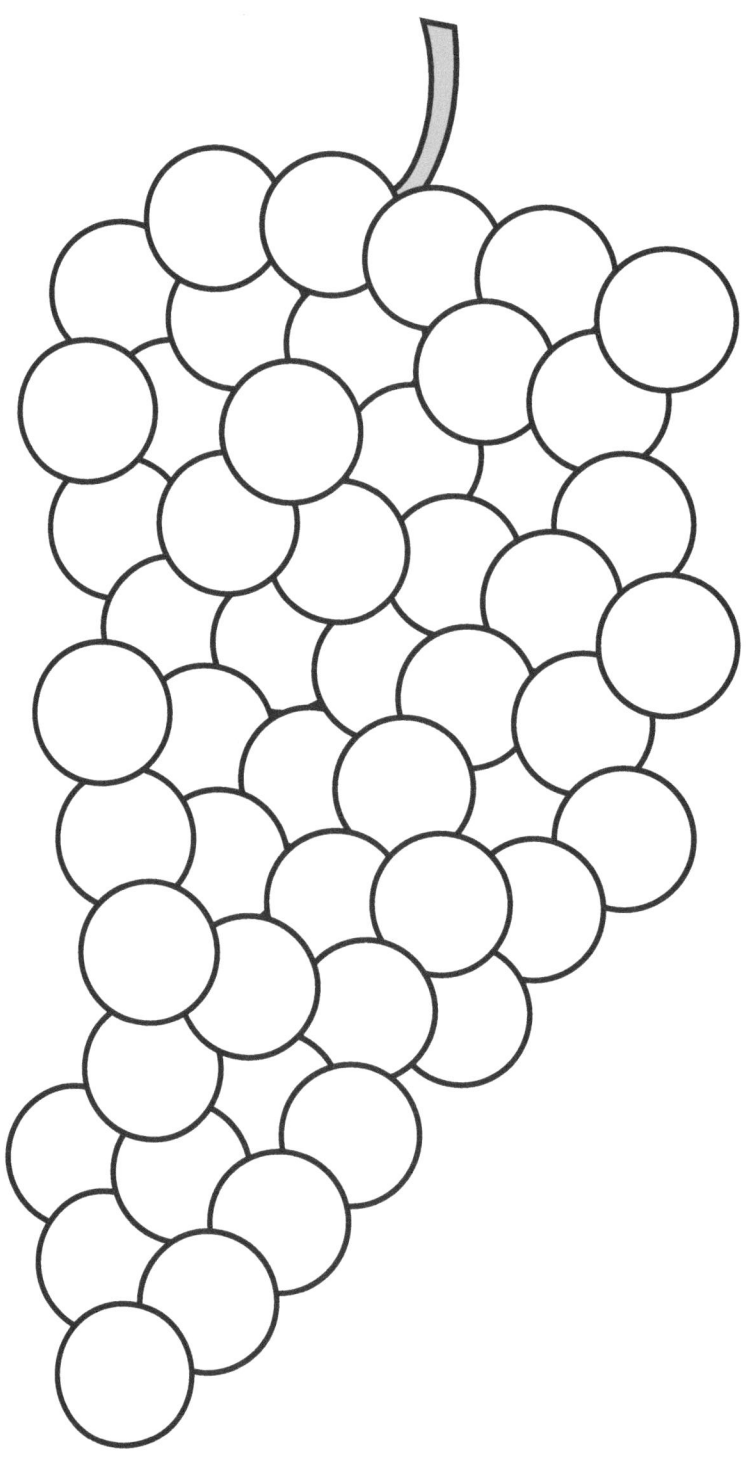

배치하기

▶ 사과 따 먹기
▶ 퀸즈 게임
▶ 36명의 장교 게임
▶ 지뢰 제거하기
▶ 육각형 지뢰 제거하기
▶ 지뢰 만들기
▶ 지뢰 설치하기

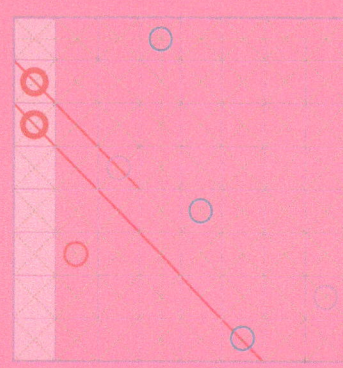

A1	B2	C3	D4	E5	F6
B3	C1	A2			
C2	E6	B1	A3		
F5	D3		C6	A4	
E4			E1	B6	A5
	A6	F4	B5	D1	E2

사과 따 먹기

놀이목표

사과를 마지막에 따 먹는 사람이 지는 게임이다.

놀이방법

1. 서로 번갈아가며 놀이판의 사과 한 개를 색칠하고 그 사과를 기준으로 가로, 세로 대각선 중 한 방향으로 줄을 그어 그 줄의 사과를 모두 차지한다.

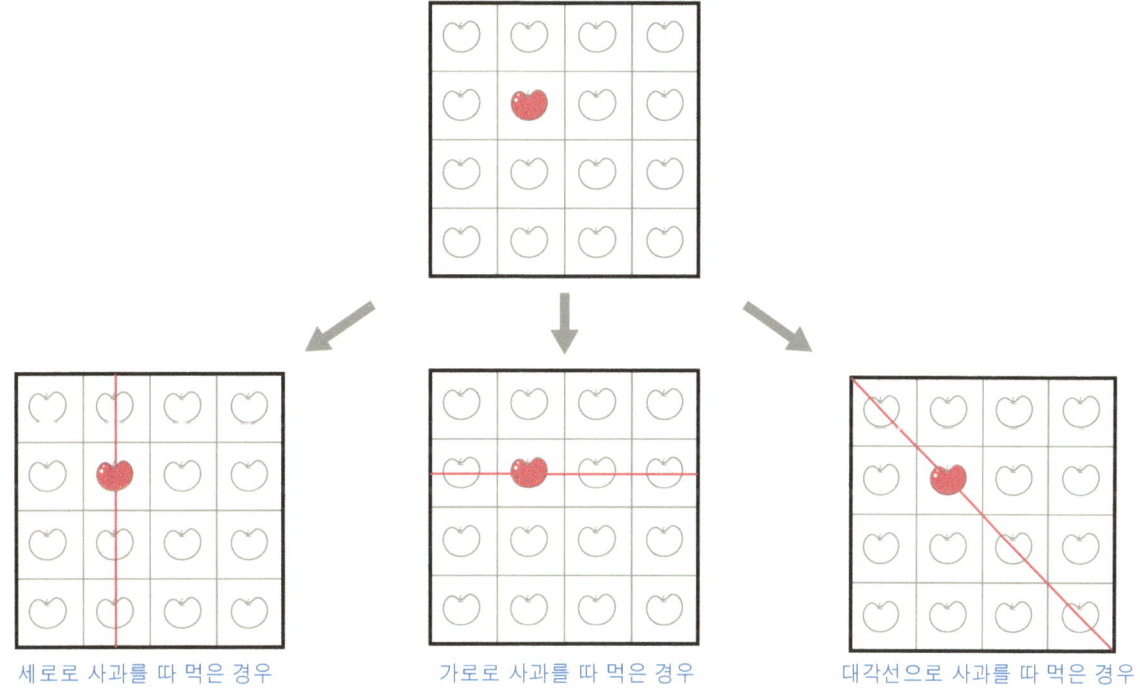

세로로 사과를 따 먹은 경우   가로로 사과를 따 먹은 경우   대각선으로 사과를 따 먹은 경우

2. 맨 마지막에 사과를 따 먹은 사람이 지게 된다.

Tip

- 공간 지각력이 필요한 게임이다.
- 게임이 진행되어 사과가 몇 개 안남으면 전략을 잘 세워야 한다.

사과 따 먹기

놀이진행

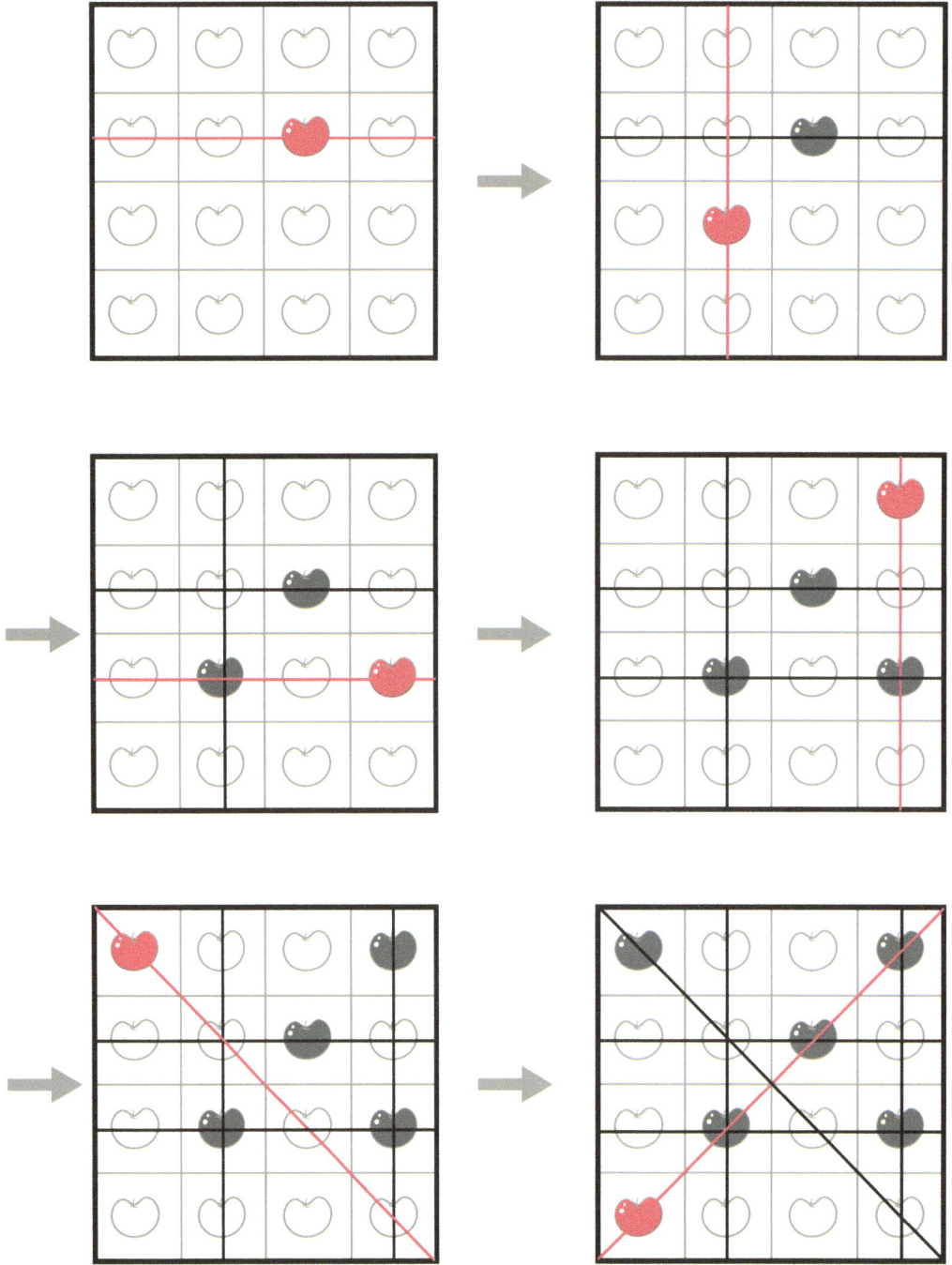

사과 따 먹기

놀이진행

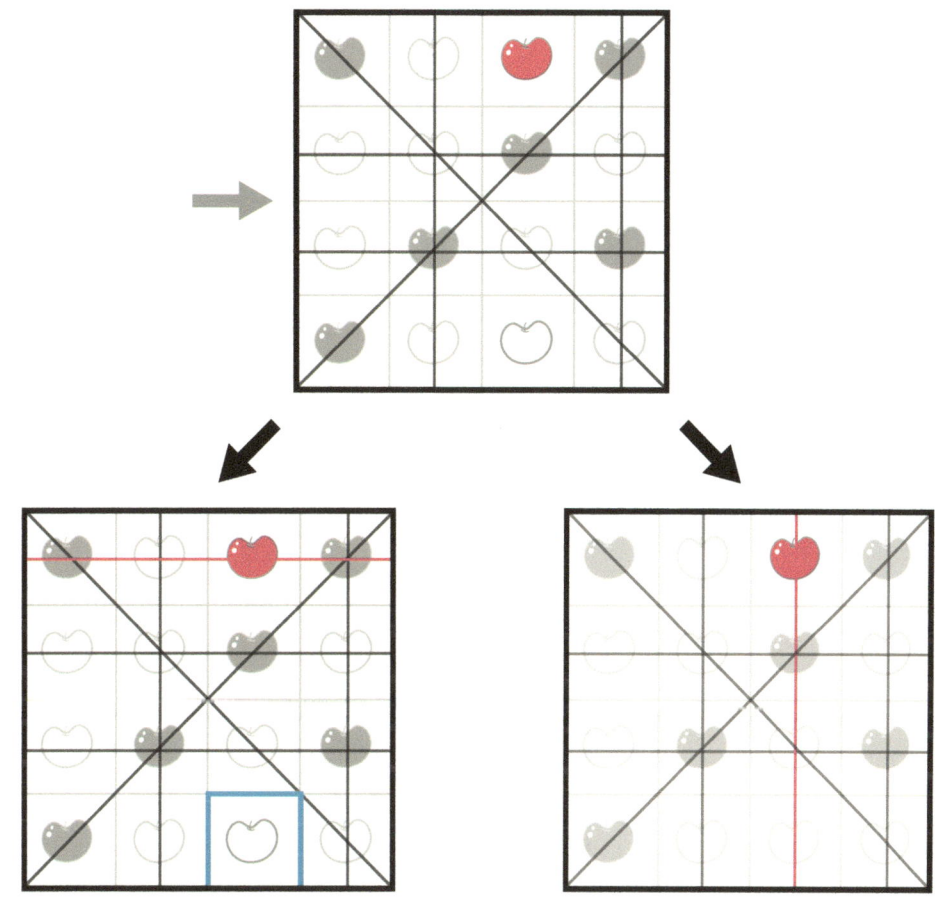

가로로 사과를 따먹으면 아래 사과를
상대편이 가져가게 되어 상대가 지게 된다.

세로로 사과를 따먹으면 아래 마지막
사과를 내가 먹게 되어 내가 지게 된다.

사과 따 먹기(4X4 놀이판)

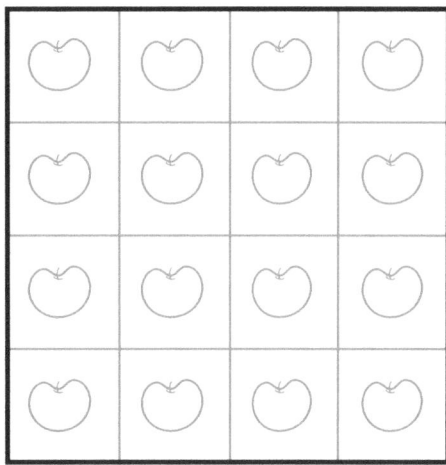

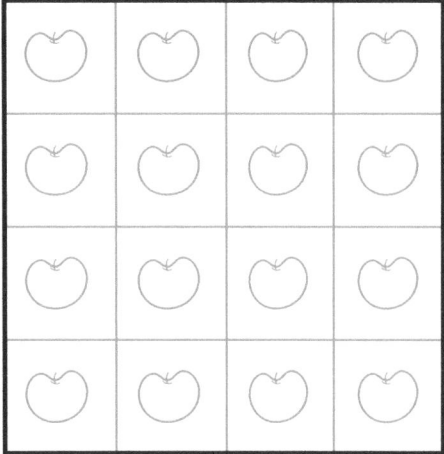

사과 따 먹기(6X6 놀이판)

사과 따 먹기(8X8 놀이판)

퀸즈 게임

놀이목표

가로, 세로, 대각선 그 어떤 칸에도 서로 말이 겹치지 않도록 놓는 게임이다.

놀이방법

1. 서로 번갈아가며 네모칸에 말(동그라미)을 그린다.

2. 말을 그릴 때는 다른 말과 가로, 세로, 대각선 그 어떤 말과도 같은 선상에 말이 놓이면 안된다.

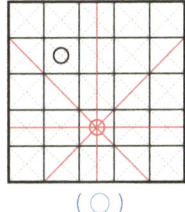
(○)

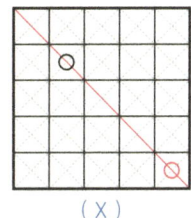
(X)

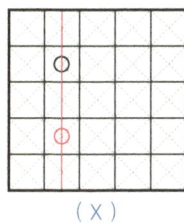
(X)

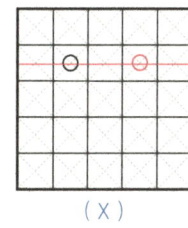
(X)

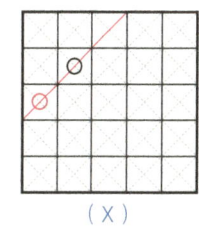
(X)

3. 더이상 말을 그릴 수 없는 사람이 지게 된다.

Tip

퀸즈 게임은 퀸즈 퍼즐을 응용한 것이다.
퀸즈 퍼즐은 오래 전부터 수학자들이 연구해 오던 과제 중의 하나였다.
8X8퍼즐은 92가지의 해답이 있는 것으로 알려 진다.
놀이판에 말이 몇 개 놓이면 나머지는 자연스럽게 정해지게 된다.
8개가 다 놓이도록 말을 놓으면 정답에 맞게 놓은 것이다.

퀴즈 게임

놀이진행

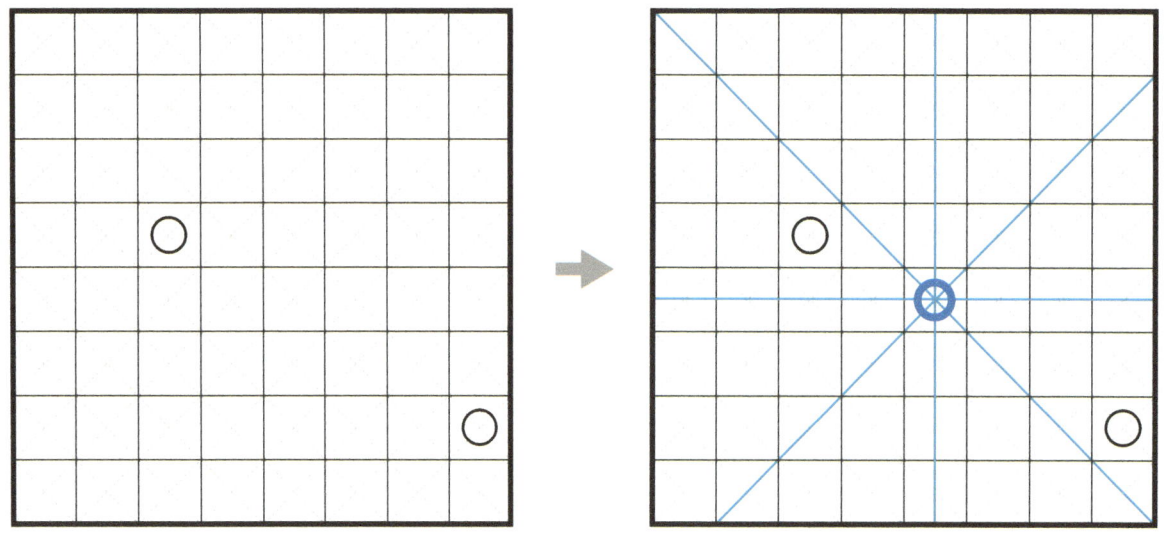

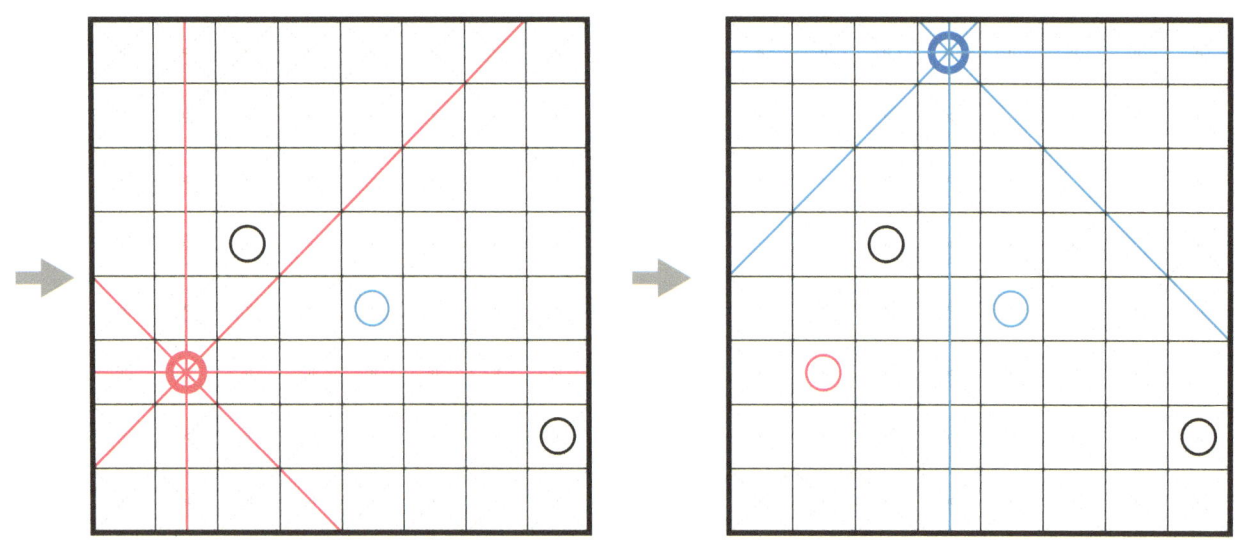

퀴즈 게임

놀이진행

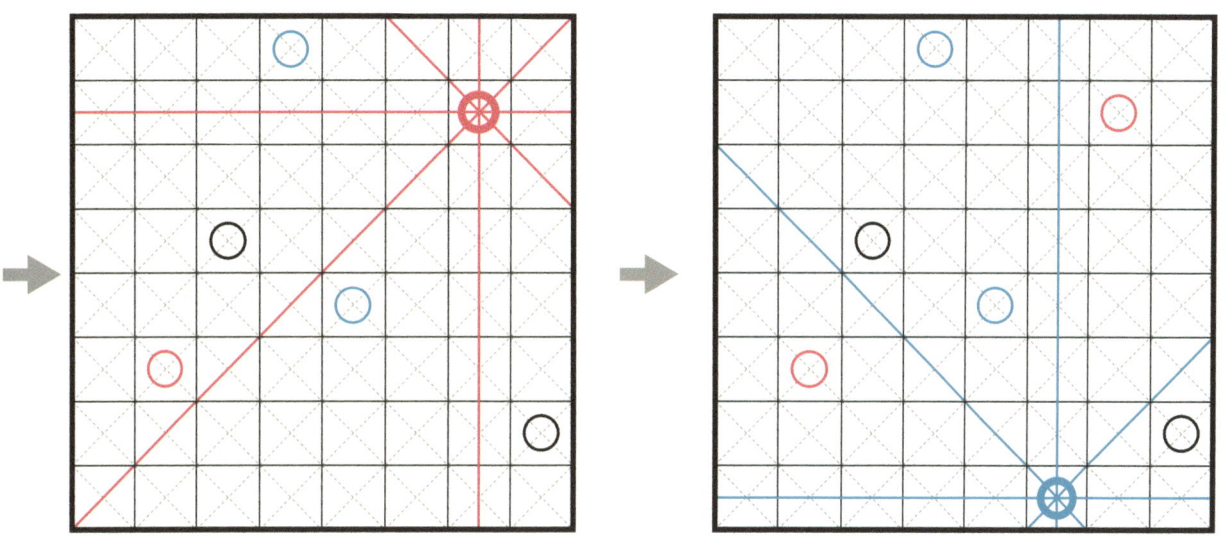

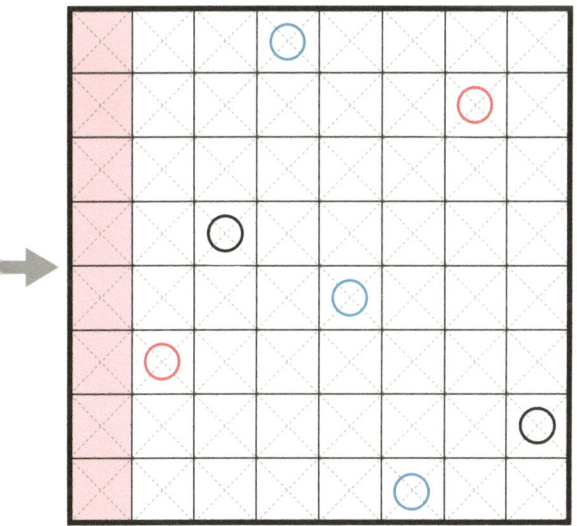

분홍 바닥줄 어느 칸에 놓아도 다른 말과 겹쳐서 게임이 끝난다.

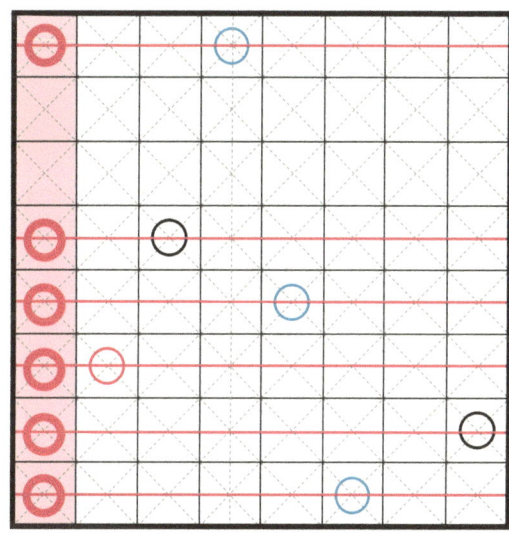

위처럼 분홍색 말을 놓으면
가로줄에 먼저 놓인 말이 있어서 놓을 수 없다.

퀸즈 게임

놀이진행

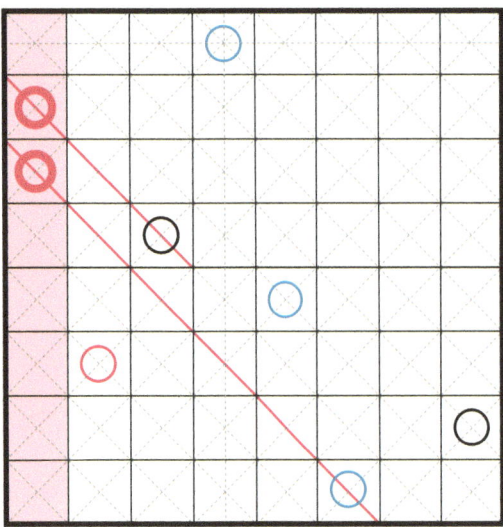

옆에처럼 분홍색 말을 놓으면 대각선 줄에 먼저 놓인 말이 있어서 놓을 수 없다. 따라서 분홍색이 졌다.

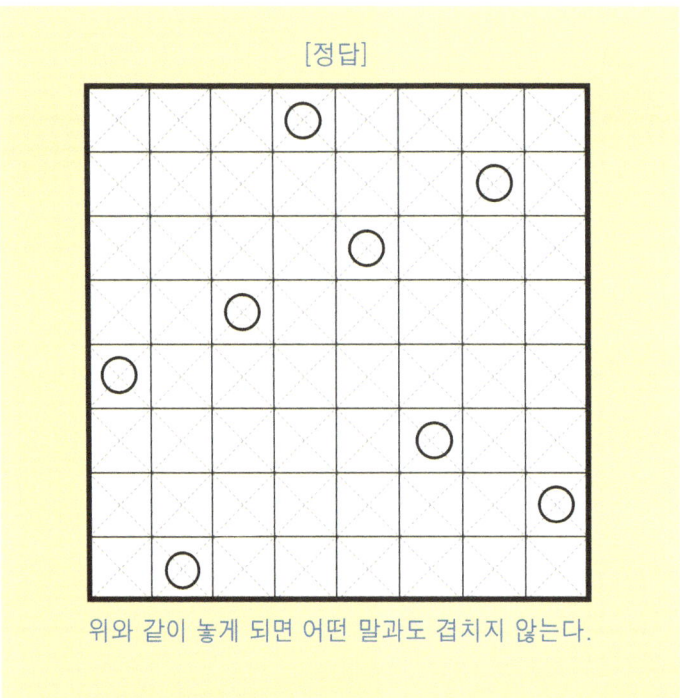

[정답]

위와 같이 놓게 되면 어떤 말과도 겹치지 않는다.

퀸즈게임.1

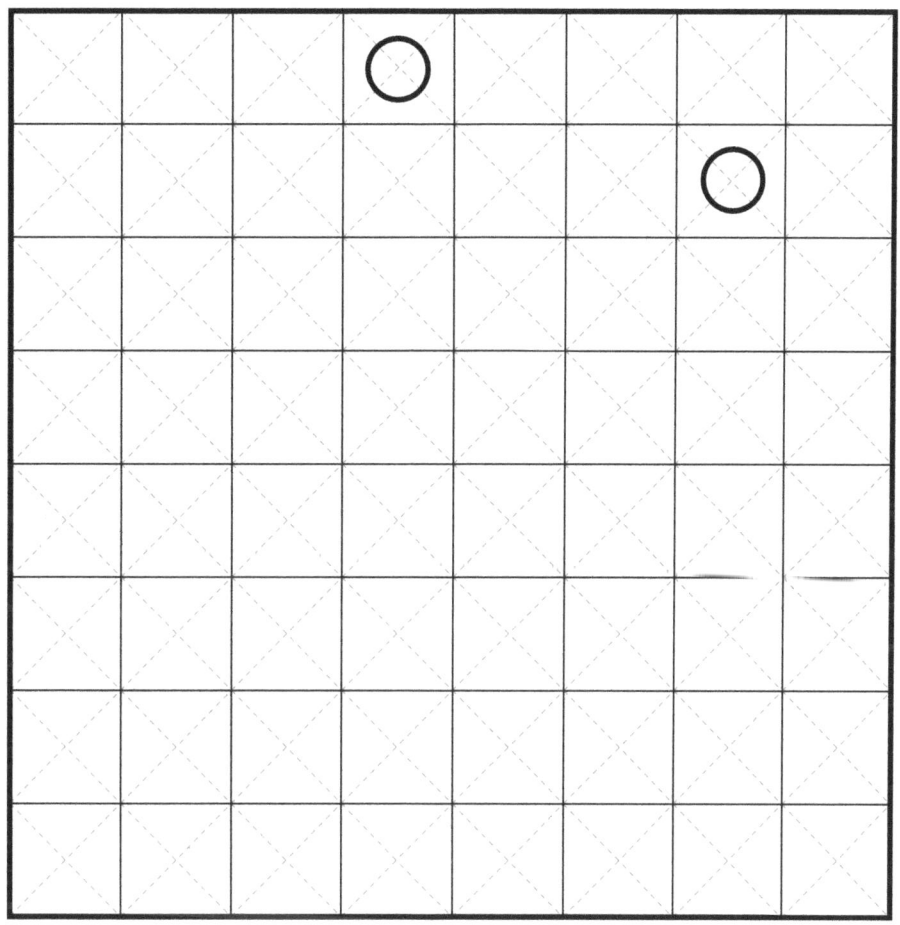

퀴즈게임.2

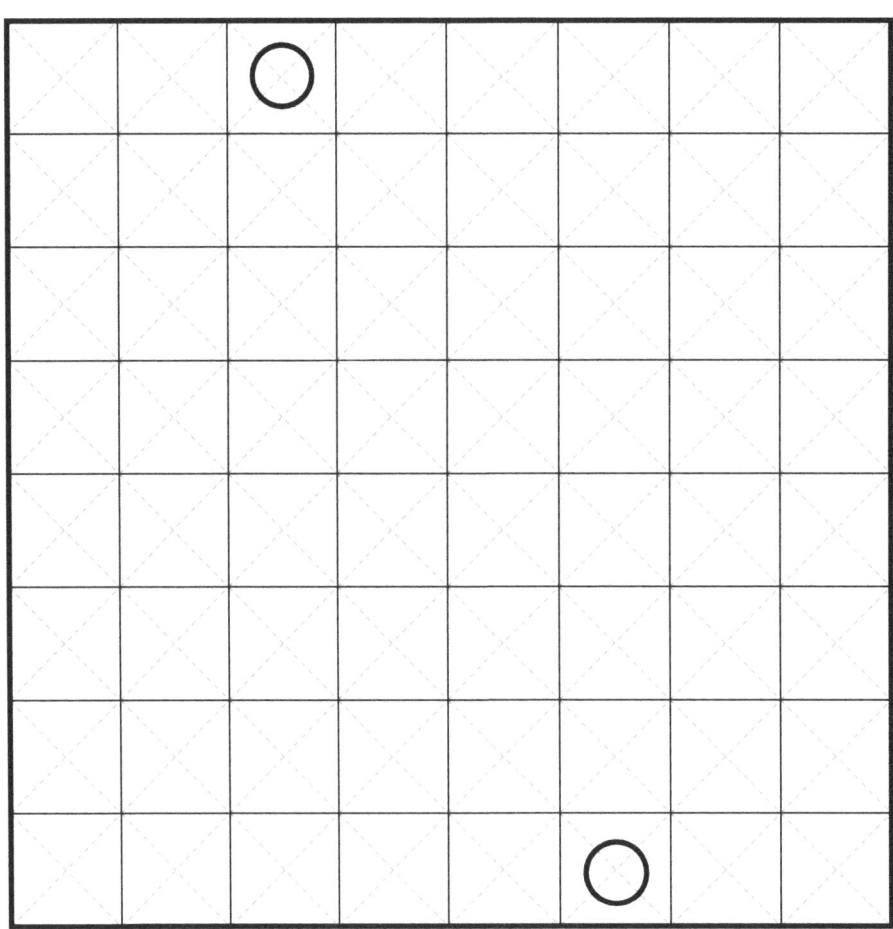

퀴즈게임.3

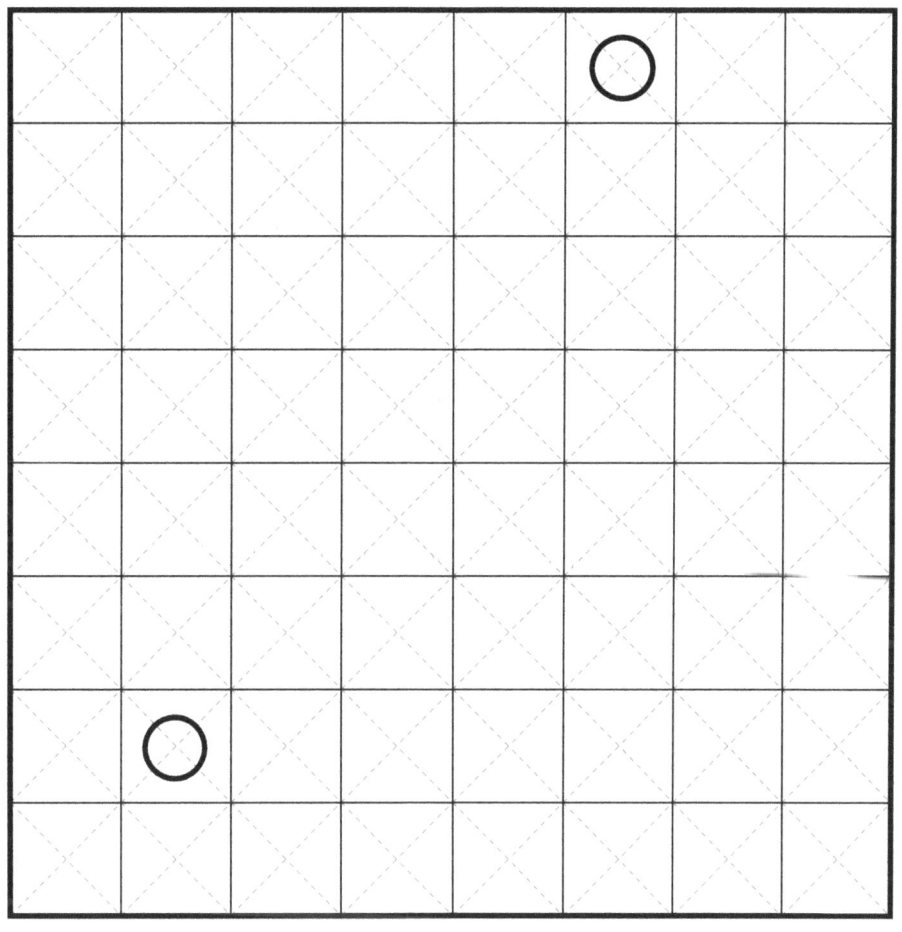

퀸즈게임 해답

퀸즈게임.1

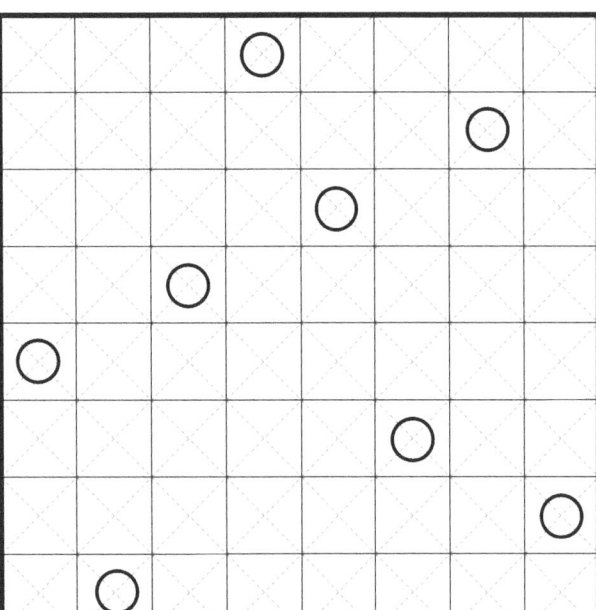

퀸즈게임.2

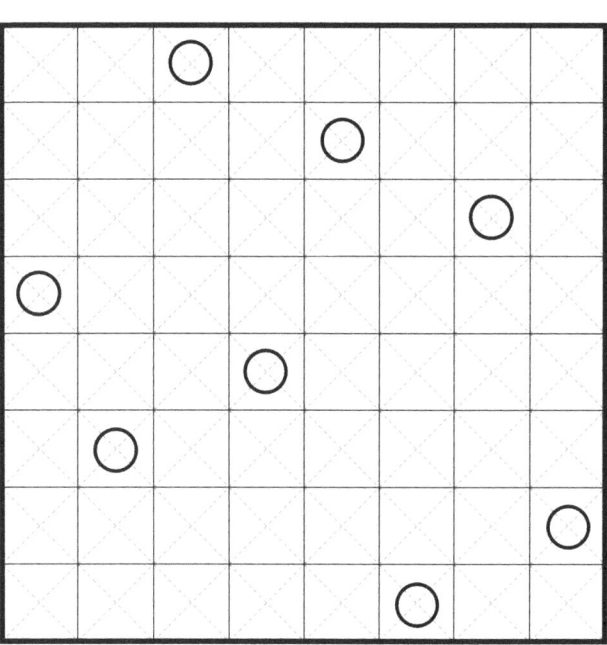

퀸즈게임.3

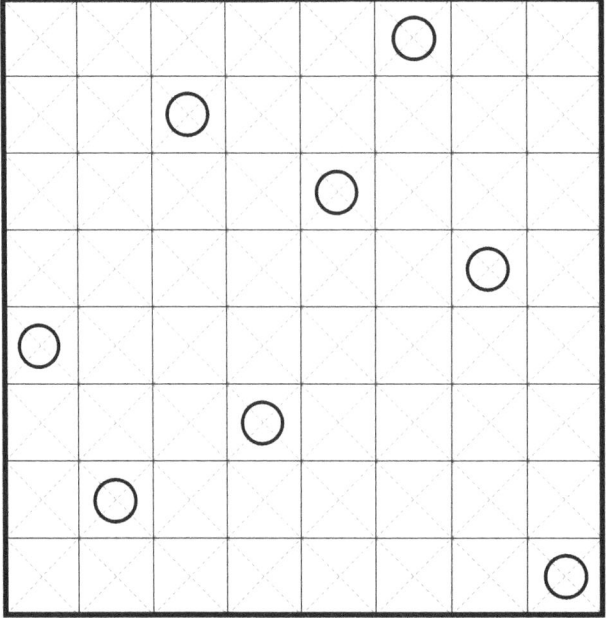

36명의 장교 게임

놀이목표

알파벳과 숫자가 가로 세로에 서로 겹치지 않도록 배치하는 게임이다.

놀이방법

1. 서로 번갈아가며 네모칸에 알파벳과 숫자를 결합한 문자를 쓴다.

2. 알파벳은 A, B, C, D, E, F 여섯 가지이며 숫자는 1, 2, 3, 4, 5, 6 여섯 가지로 결합 문자는 모두 36가지이다.

A1	A2	A3	A4	A5	A6
B1	B2	B3	B4	B5	B6
C1	C2	C3	C4	C5	C6
D1	D2	D3	D4	D5	D6
E1	E2	E3	E4	E5	E6
F1	F2	F3	F4	F5	F6

3. 가로 세로줄 모두에 같은 알파벳이 겹쳐서도 안되고 같은 숫자가 겹쳐서도 안되며 36개의 결합 문자는 중복 사용할 수 없다.

4. 더이상 결합 문자를 쓸 수 없는 사람이 지게 된다.

Tip

수학퍼즐의 고전인 스위스 수학자 오일러의 장교 문제이다.
장교의 계급과 부대가 다르도록 배치하는 퍼즐을 게임으로 만든 것이다.
6X6 배열에서는 36가지 모두를 서로 다르게 배치하는 것은
불가능하다는 것이 수학자에 의해 증명이 되었다.
알파벳과 숫자를 줄이거나 늘여 5X5배열이나 8X8 등등
다른 배열에서 하는 것도 가능하다.

36명의 장교 게임

놀이규칙

1. 알파벳과 숫자가 가로 세로에 서로 겹치지 않도록 배치해야 한다.
2. 결합 문자는 A1, A2, A3………F3, F4, F5, F6처럼 알파벳과 숫자 순서대로 쓴다.
3. 사용하지 못한 결합 문자는 빈 곳에 나열해 놓는다.

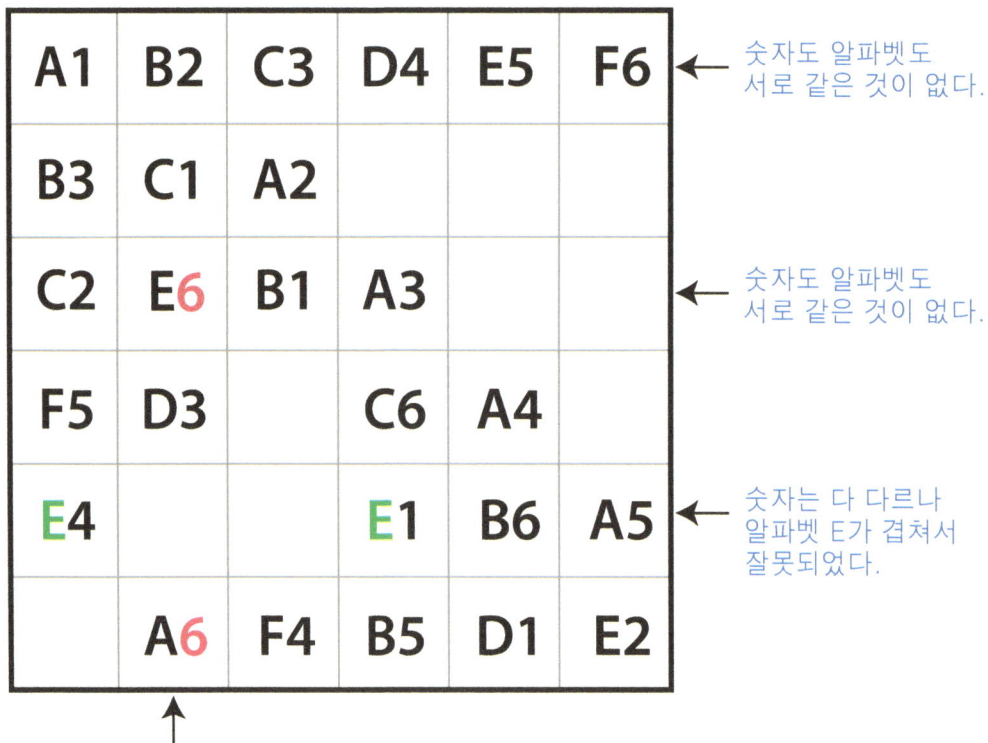

숫자도 알파벳도 서로 같은 것이 없다.

숫자도 알파벳도 서로 같은 것이 없다.

숫자는 다 다르나 알파벳 E가 겹쳐서 잘못되었다.

알파벳은 다 다르나 숫자 6이 겹쳐서 잘못되었다.

― 사용하지 않은 결합문자 ―

B4 C4 C5 D2 D5 D6 E3 F1 F2 F3

36명의 장교 게임

놀이진행

				A2	
		A4			
				A5	
	A1				
			A6		
				A3	

B6

B1				A2	
	B2	A4			
			B4	A5	
	A1	B3			
			A6	B5	
				A3	

B6이 들어올 자리가 없다.

B6

B1				A2	C4
	B2	A4	C1		
C2			B4		A5
	A1	B3		C6	
	C3		A6	B5	
		C5			A3

B6 D6

B1	D5			A2	C4
D3	B2	A4	C1		
C2		D1	B4		A5
	A1	B3	D2	C6	
	C3		A6	B5	
		C5		D4	A3

D6이 들어올 자리가 없다.

36명의 장교 게임

놀이진행

B6	D6	E2	E5		
B1	D5			A2	C4
D3	B2	A4	C1		
C2		D1	B4	E3	A5
E4	A1	B3	D2	C6	
	C3		A6	B5	E1
	E6	C5		D4	A3

E2, E5가 들어올 자리가 없다.

B6	D6	E2	E5	F1	F4	F5
B1	D5		F3	A2	C4
D3	B2	A4	C1		F6
C2		D1	B4	E3	A5
E4	A1	B3	D2	C6	
	C3	F2	A6	B5	E1
	E6	C5		D4	A3

F1, F4, F5가 들어올 자리가 없다.

36명의 장교 게임.1

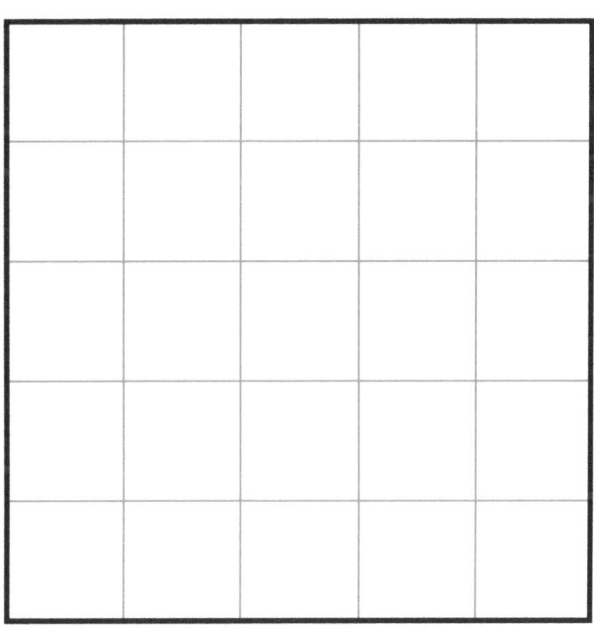

36명의 장교 게임.2

A1	A2	A3	A4	A5	A6
B1	B2	B3	B4	B5	B6
C1	C2	C3	C4	C5	C6
D1	D2	D3	D4	D5	D6
E1	E2	E3	E4	E5	E6
F1	F2	F3	F4	F5	F6

지뢰 제거하기

놀이목표

지뢰를 제거하며 숫자를 많이 차지하는 게임이다.

놀이방법

1. 번갈아가며 지뢰를 하나씩 X표 하면서 제거한다.
2. 마지막에 제거한 지뢰와 숫자가 일치하면 그 숫자에 동그라미 치며 숫자를 차지한다.

예)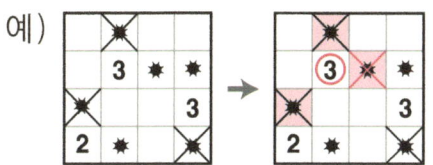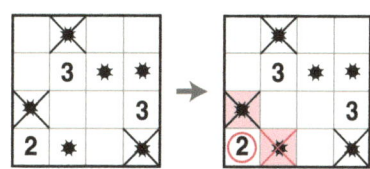

3. 지뢰를 모두 제거하면서 차지한 숫자의 합이 큰 사람이 승리한다.

놀이규칙

1. 놀이판의 숫자는 숫자를 중심으로 가로, 세로, 대각선의 지뢰의 총 개수이다.

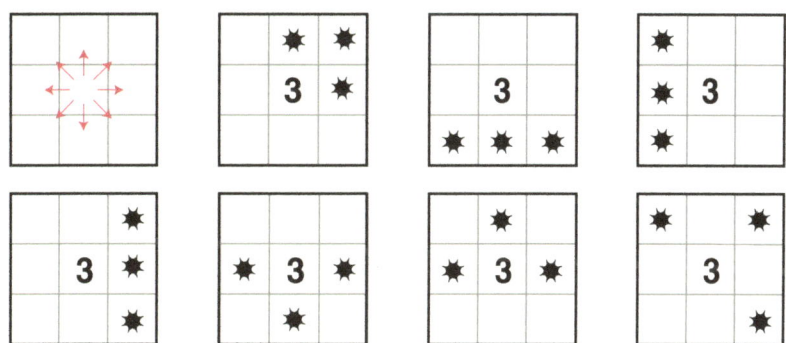

Tip

컴퓨터에서 하는 지뢰찾기의 변형 게임이다.

지뢰 제거하기

놀이진행

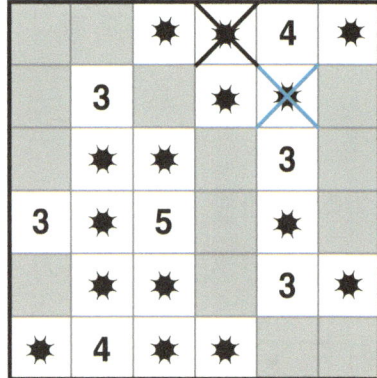

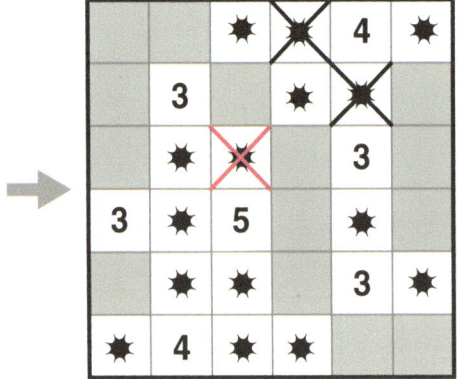

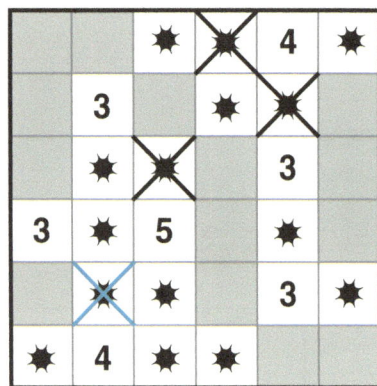

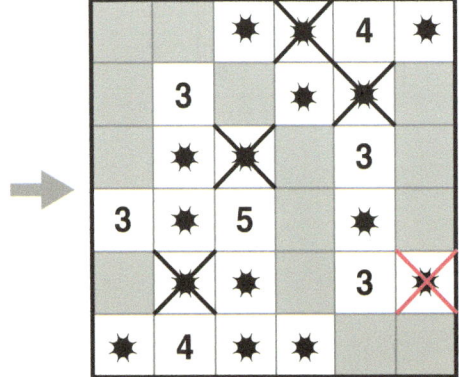

지뢰 제거하기

놀이진행

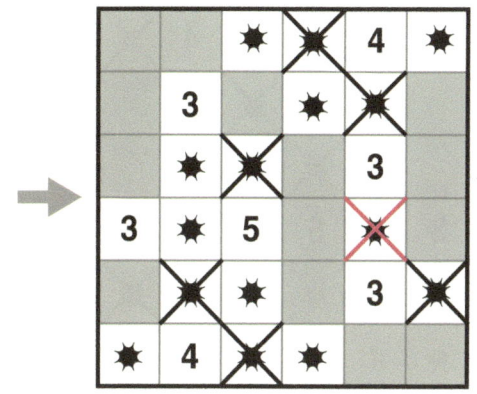

→

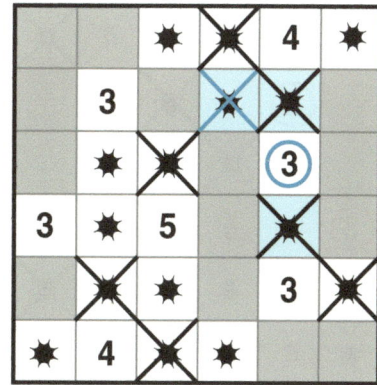

3주변의 지뢰 3개가 제거되어 3에 ○표

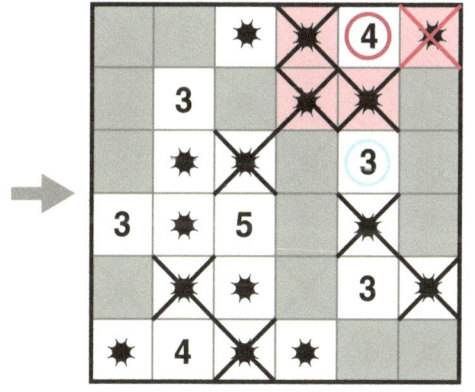

4주변의 지뢰 4개가 제거되어 4에 ○표

→

3주변의 지뢰 3개가 제거되어 3에 ○표

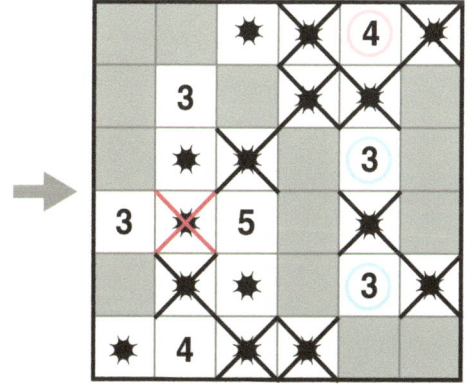

→

지뢰 제거하기

놀이진행

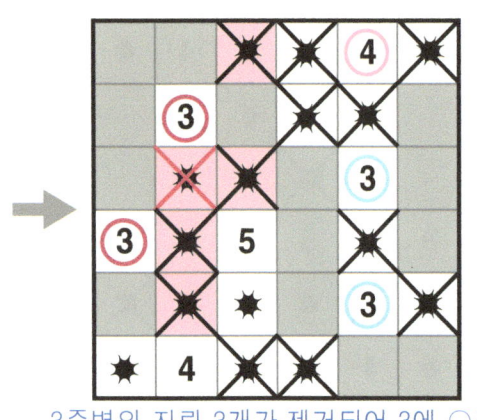

3주변의 지뢰 3개가 제거되어 3에 ○표 지뢰 한개를 색칠하면서 두 개의 숫자 3에 ○표를 하였다.

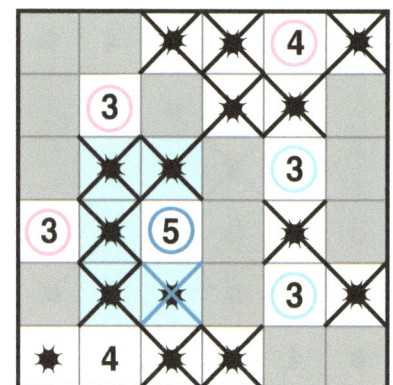

5주변의 지뢰 5개가 제거되어 5에 ○표

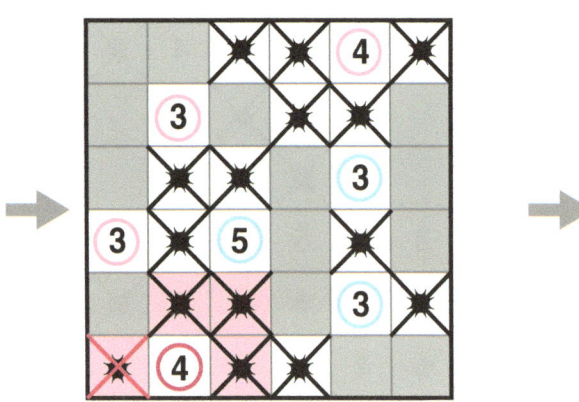

4주변의 지뢰 4개가 제거되어 4에 ○표

빨간색의 합 3+3+4+4=14

파란색의 합
3+3+5=11

빨간색을 선택한 사람이 이겼다.

지뢰제거하기.1 (6X6)

지뢰제거하기.2 (6X6)

지뢰제거하기.3 (7X7)

	1	★	★	3	★	1
	2			★		1
3	★		★	4	★	2
★	★	5		★		★
	★	★		3	★	2
★	4			★	2	
1		★	2		1	

지뢰제거하기.4 (7X7)

	1		★	3		
3	★	6	★		★	2
★	★	★	★		4	★
	3		5	★		★
		3	★	★	★	2
2	★	★		4	3	
★		★	2		★	1

육각형 지뢰 제거하기

놀이목표

지뢰를 제거하며 숫자를 많이 차지하는 게임이다.

놀이방법

1. 번갈아가며 지뢰를 하나씩 X표 하면서 제거한다.
2. 마지막에 제거한 지뢰와 숫자가 일치하면 그 숫자에 동그라미 치며 숫자를 차지한다.

예)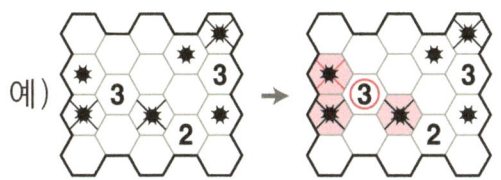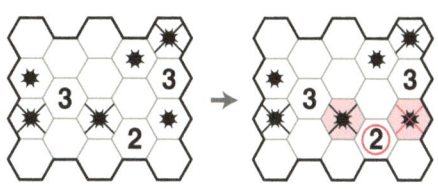

3. 지뢰를 모두 제거하면서 차지한 숫자의 합이 큰 사람이 승리한다.

놀이규칙

놀이판의 숫자는 숫자를 중심으로 그 둘레 지뢰의 총 개수이다.

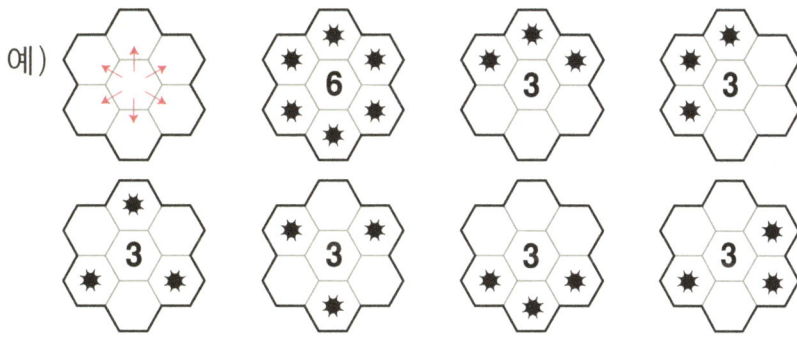

Tip

사각형 지뢰제거하기를 육각형으로 응용한 것이다.

육각형 지뢰 제거하기

놀이진행

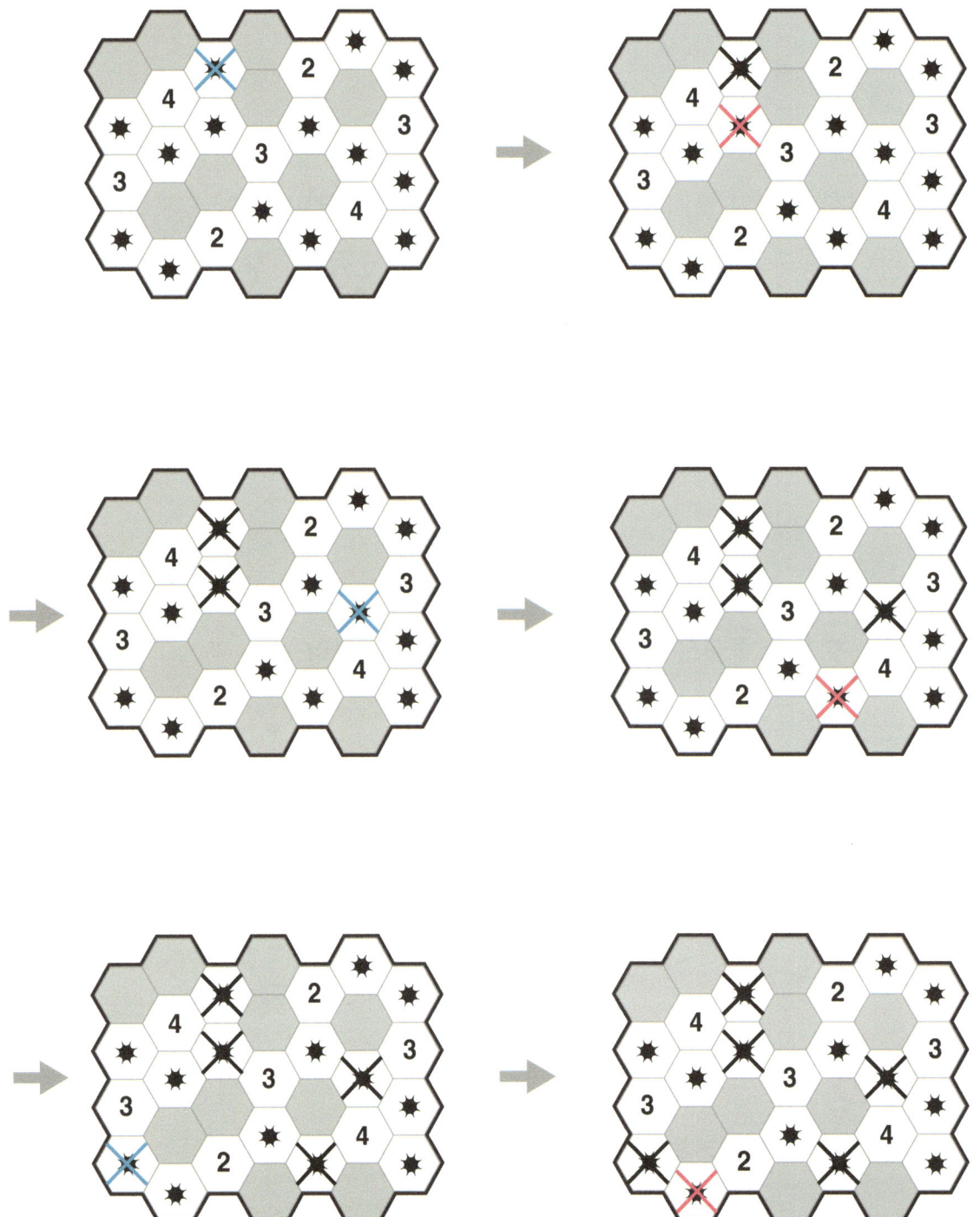

육각형 지뢰 제거하기

놀이진행

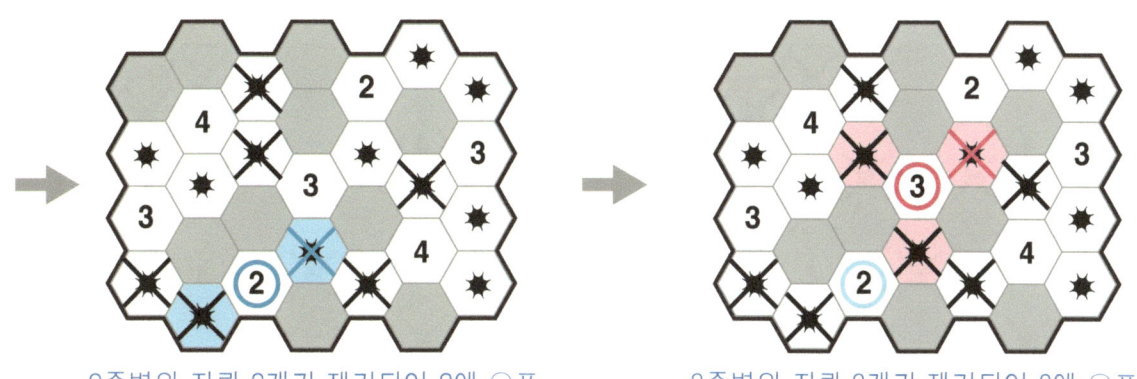

2주변의 지뢰 2개가 제거되어 2에 ○표

3주변의 지뢰 3개가 제거되어 3에 ○표

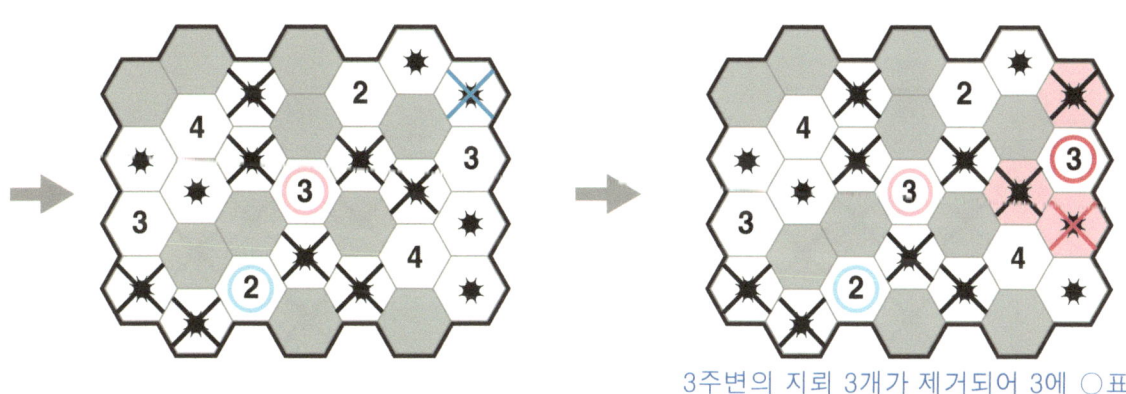

3주변의 지뢰 3개가 제거되어 3에 ○표

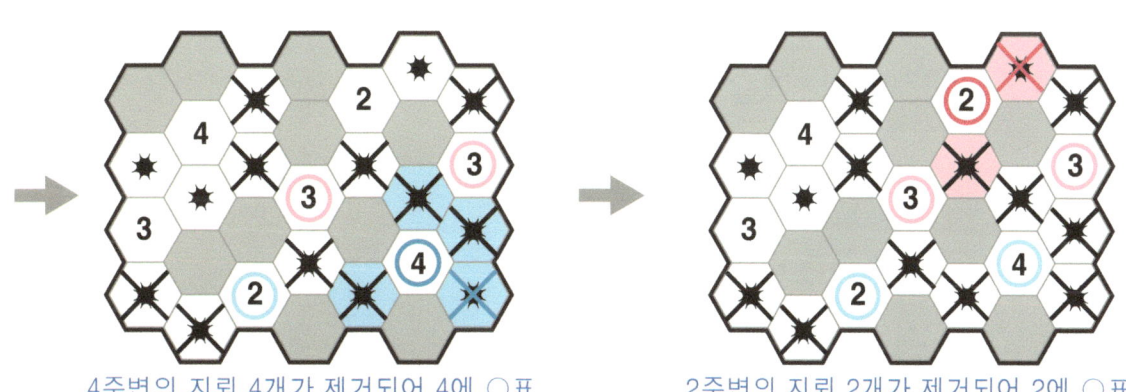

4주변의 지뢰 4개가 제거되어 4에 ○표

2주변의 지뢰 2개가 제거되어 2에 ○표

육각형 지뢰 제거하기

놀이진행

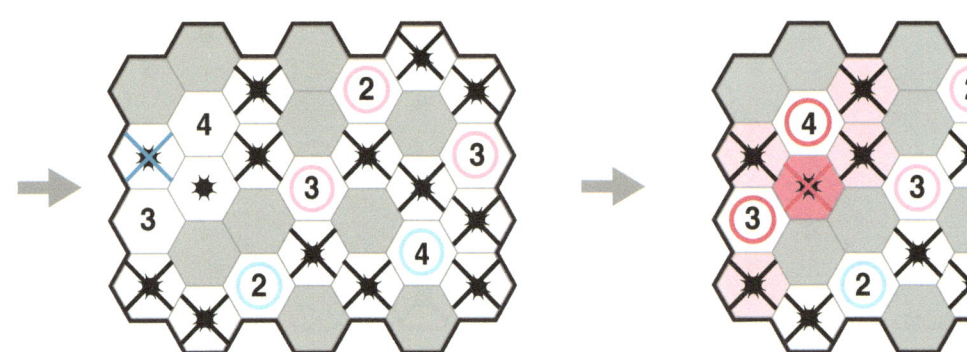

마지막 지뢰가 제거되면서 3, 4에 ○표
지뢰 한개를 제거하면서 두 개의 숫자
3, 4에 ○표를 하였다.

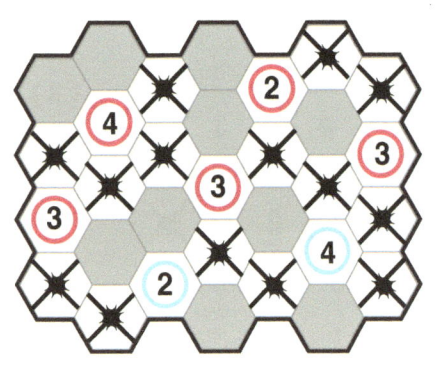

빨간색의 합 2+3+3+3+4=15

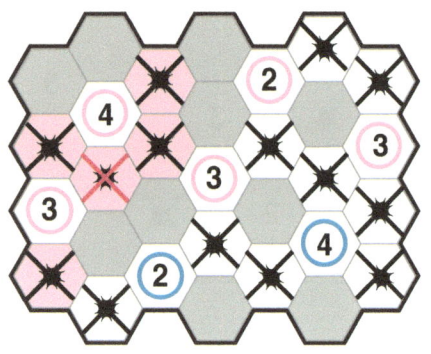

파란색의 합 2+4=6

빨간색을 선택한 사람이 이겼다.

육각형 지뢰제거하기.1

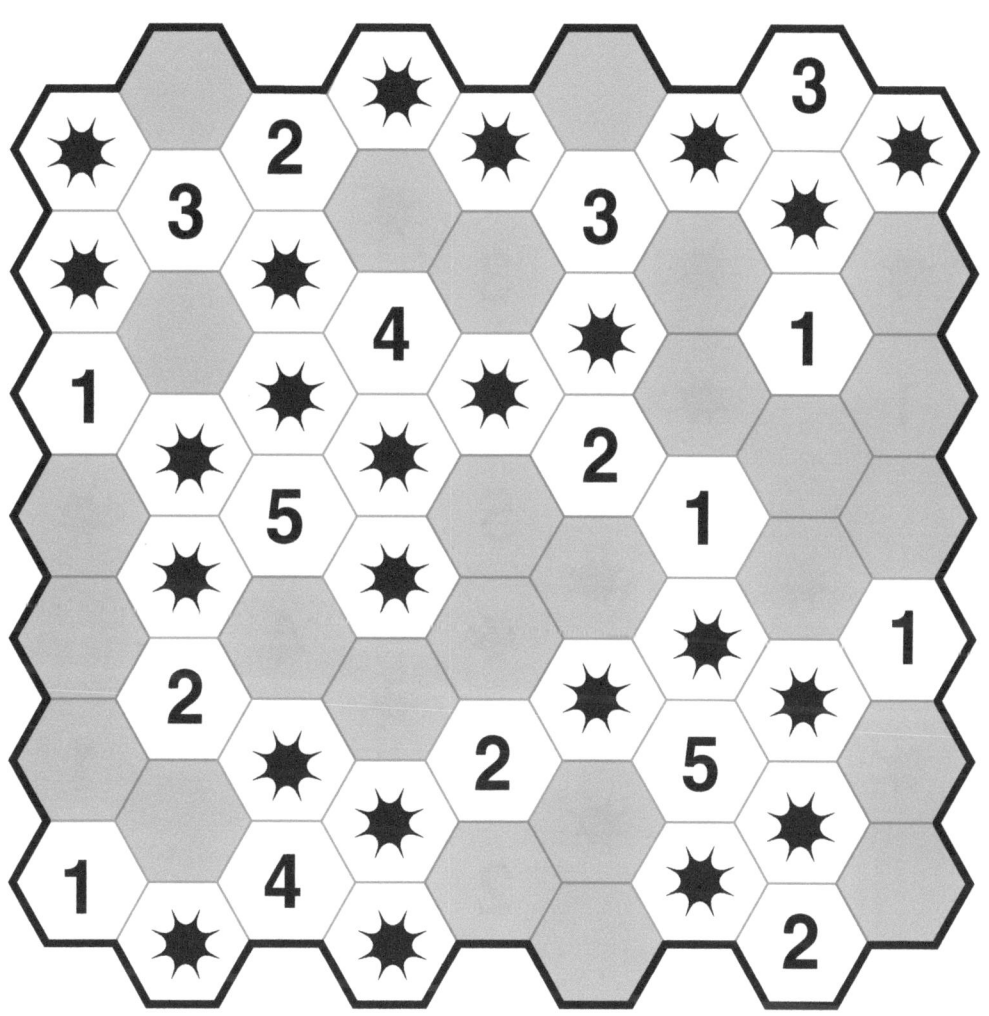

육각형 지뢰제거하기.2

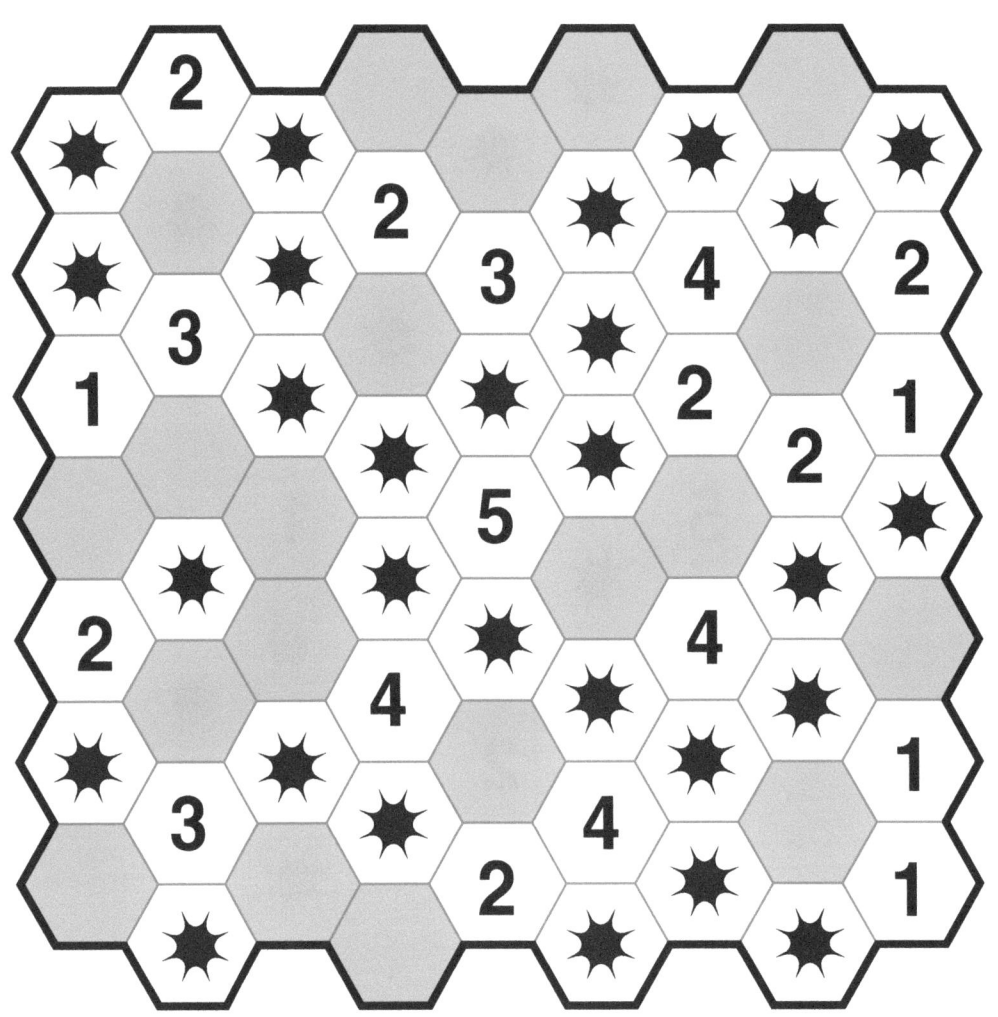

지뢰 만들기

놀이목표

삼각형 안에 숫자와 일치되도록 동그라미를 그려서 숫자를 많이 차지하는 게임이다.

놀이방법

1. 번갈아가며 빈 칸에 동그라미를 그린다.
2. 동그라미 개수와 숫자가 일치하면 그 숫자에 동그라미 치며 숫자를 차지한다.

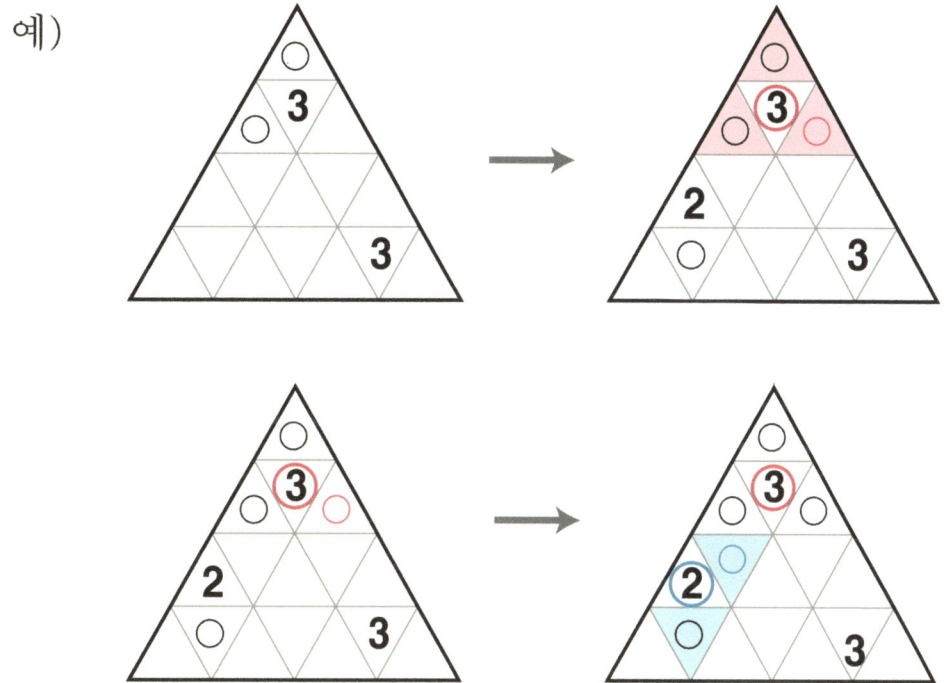

3. 동그라미 칠 공간이 없으면 숫자의 합이 큰 사람이 승리한다.

Tip

지뢰 게임의 변형 게임이다. 정사각형이나 육각형에 비해 주변의 동그라미를 쉽게 파악할 수 있어 보다 쉬운 게임이다.

지뢰 만들기

놀이규칙

놀이판의 숫자는 숫자를 중심으로 그 둘레 동그라미의 총 개수이다.

예)

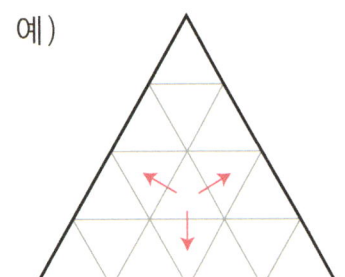

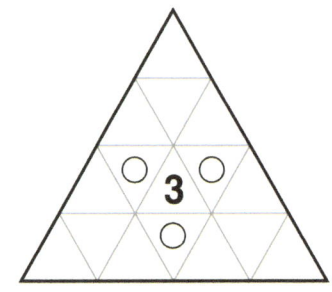

3인 경우는 위와 같이 한가지 뿐이다.

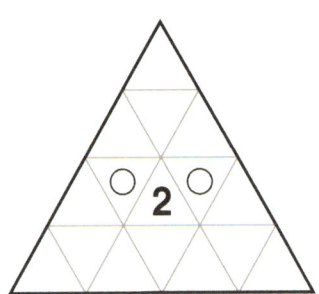 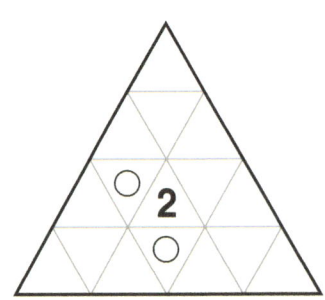 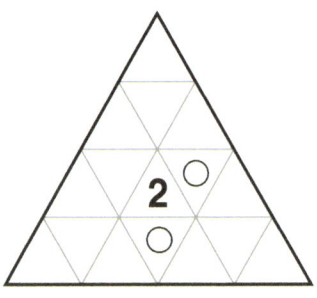

2인 경우는 위와 같이 세가지이다.

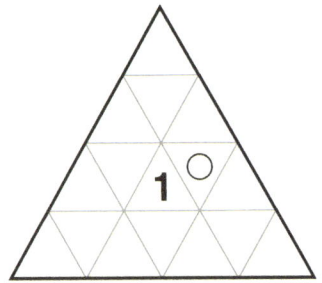 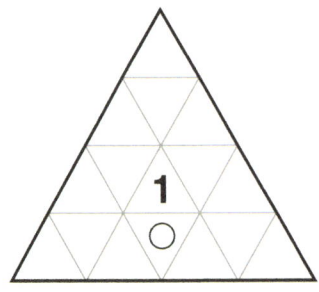 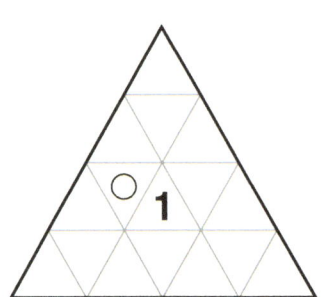

1인 경우는 위와 같이 세가지이다.

지뢰 만들기

놀이진행

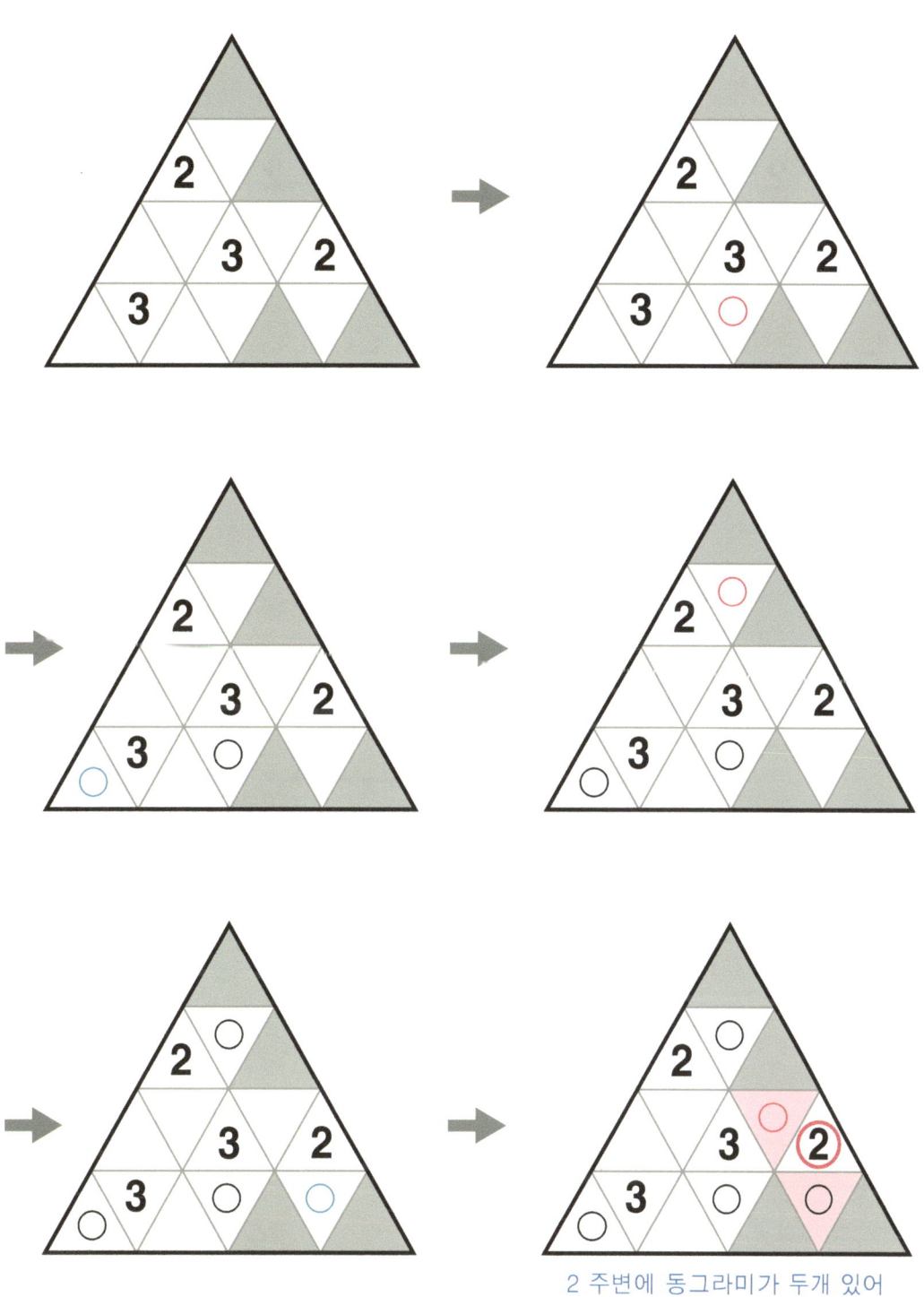

2 주변에 동그라미가 두개 있어
숫자 2에 ○표

지뢰 만들기

놀이진행

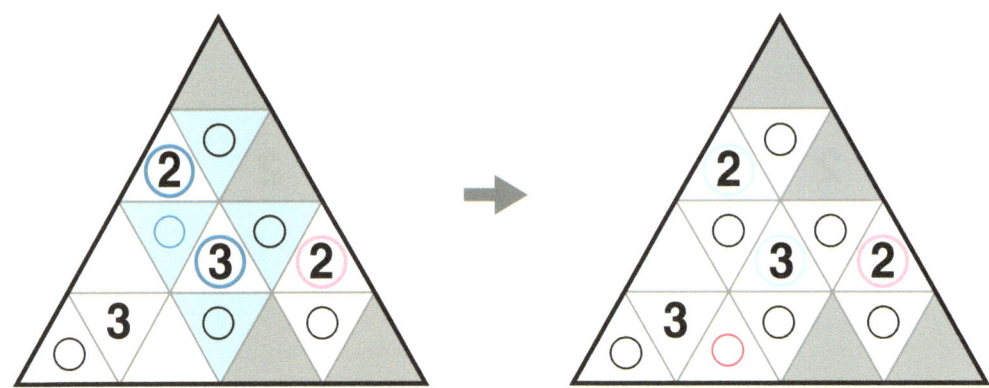

파란 동그라미를 치면 2 주변에 동그라미 두 개,
3 주변에 동그라미가 세 개가 되어
숫자 2와 3에 ○표

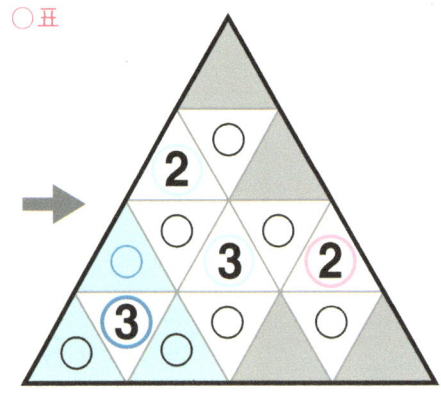

파란 동그라미를 치면 3주변에 동그라미
세 개가 되어 3에 ○표

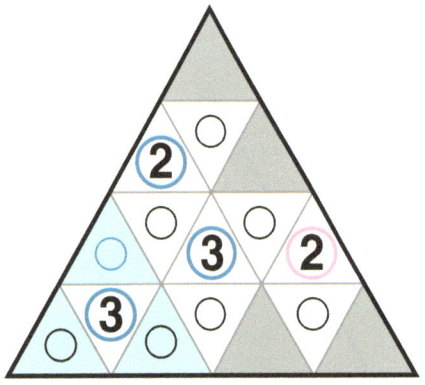

파란색의 합 2+2+3+3=10

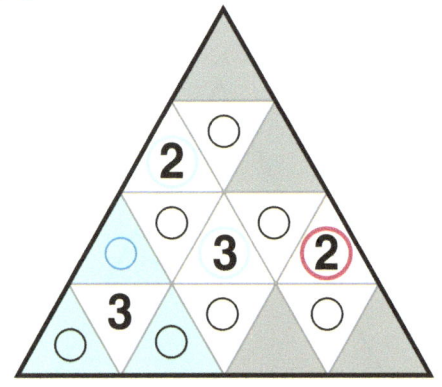

빨간색의 합 2

지뢰 만들기.1

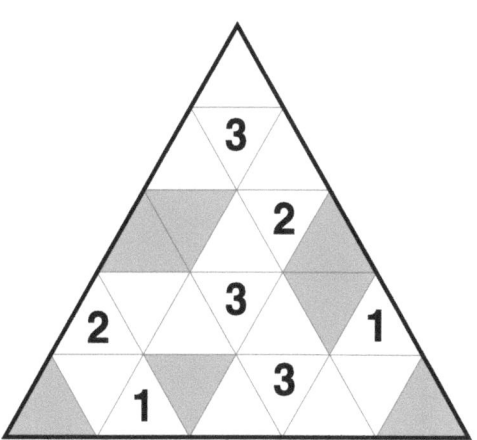

지뢰 만들기.2

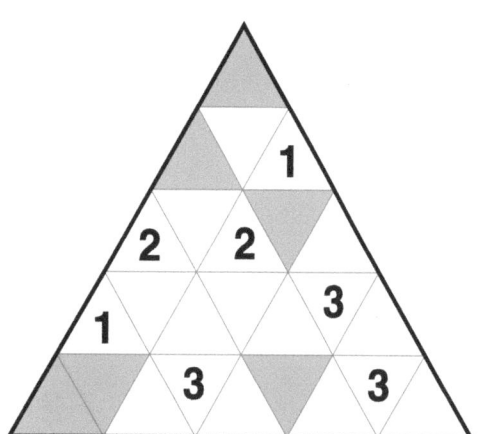

지뢰 만들기.3

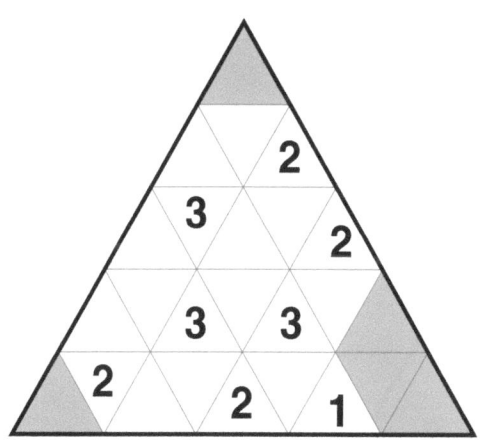

지뢰 만들기.4

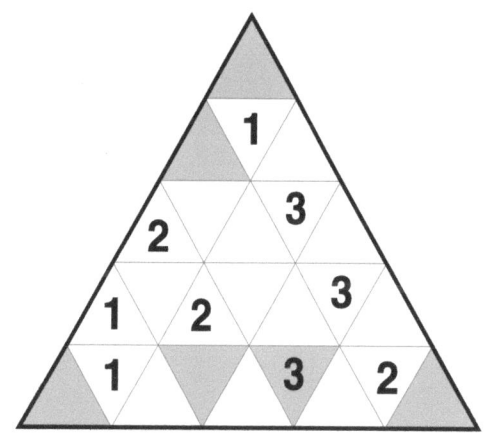

지뢰 만들기.5

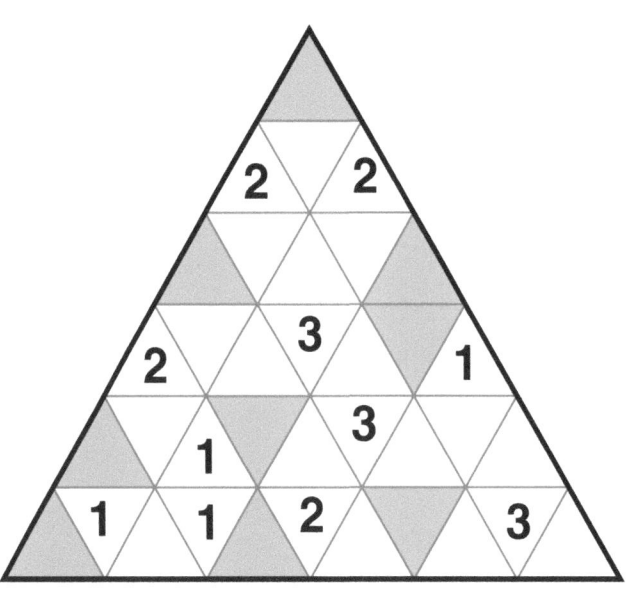

지뢰 만들기.6

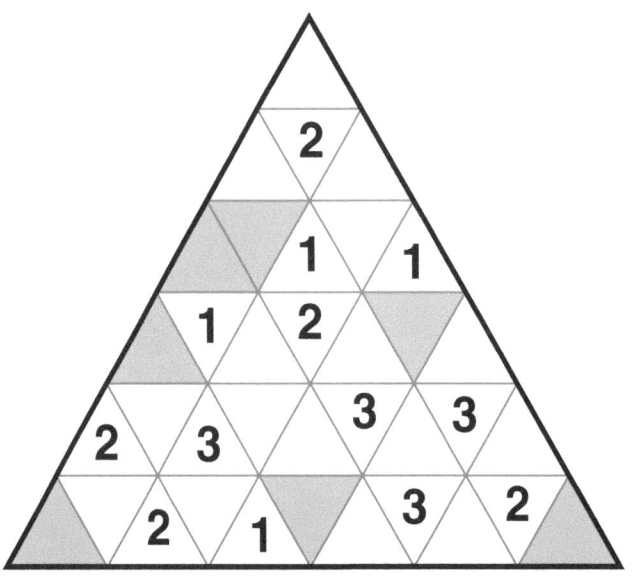

지뢰 설치하기

놀이목표

지뢰를 설치하여 주변을 터트리는 게임이다.

놀이방법

1. 번갈아가며 지뢰를 하나씩 설치하고 주변에 X표 하면서 제거한다.
2. 빈 곳에 지뢰를 설치하였을 때 이미 주변에 X표가 있는 것은 상관없다.

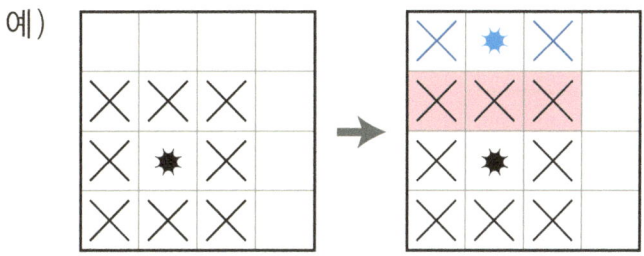

3. 더이상 지뢰를 설치할 곳이 없으면 지는 게임이다.

놀이규칙

지뢰를 설치하면 지뢰를 중심으로 가로, 세로, 대각선에 모두 X표 해야 한다.

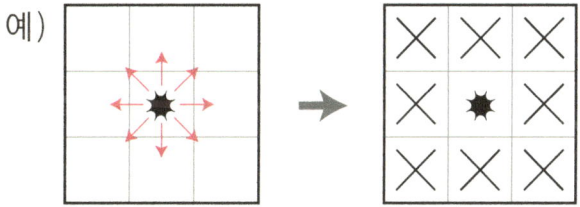

Tip

지뢰찾기의 변형 게임이다.

지뢰 설치하기

놀이진행

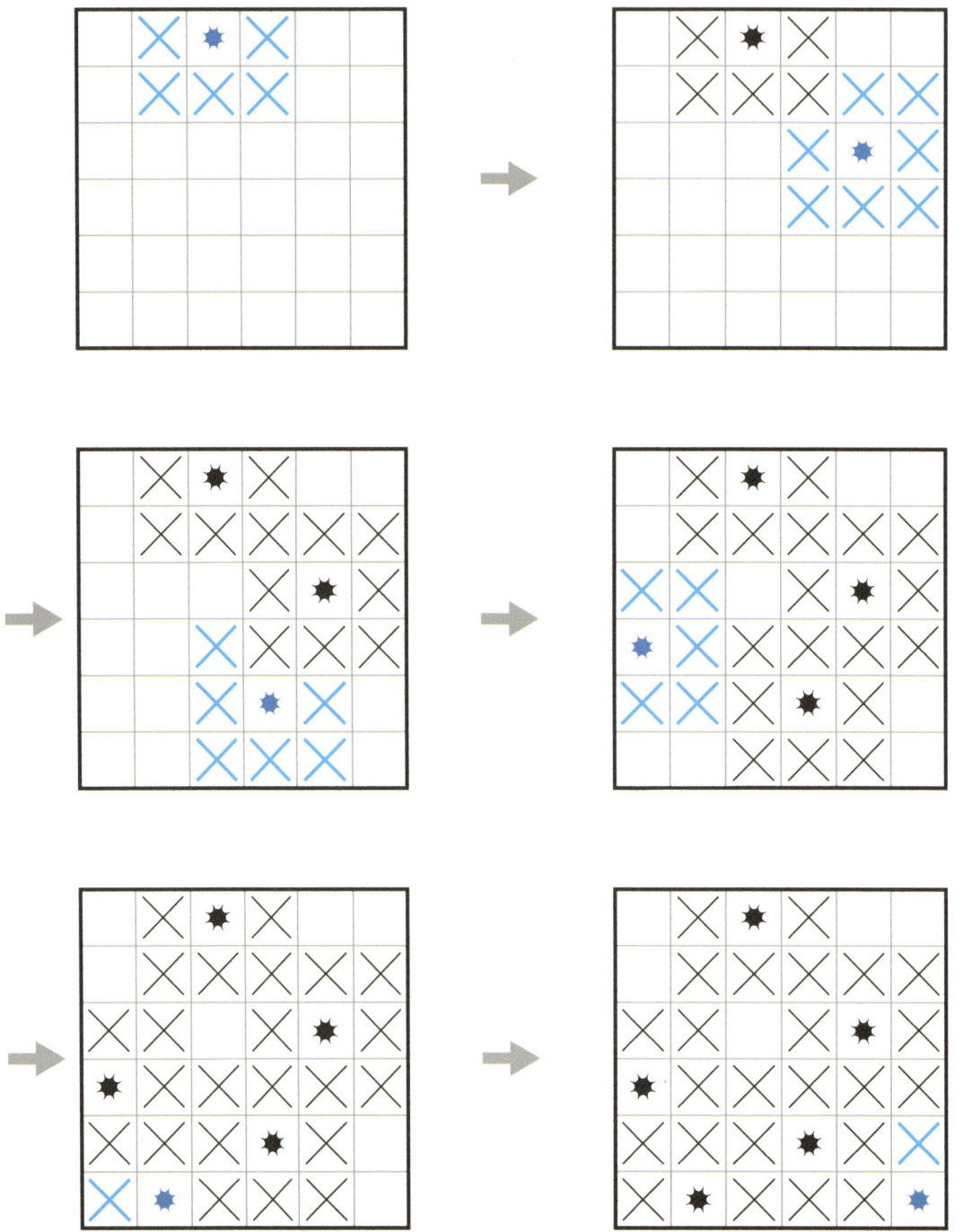

지뢰 설치하기

놀이진행

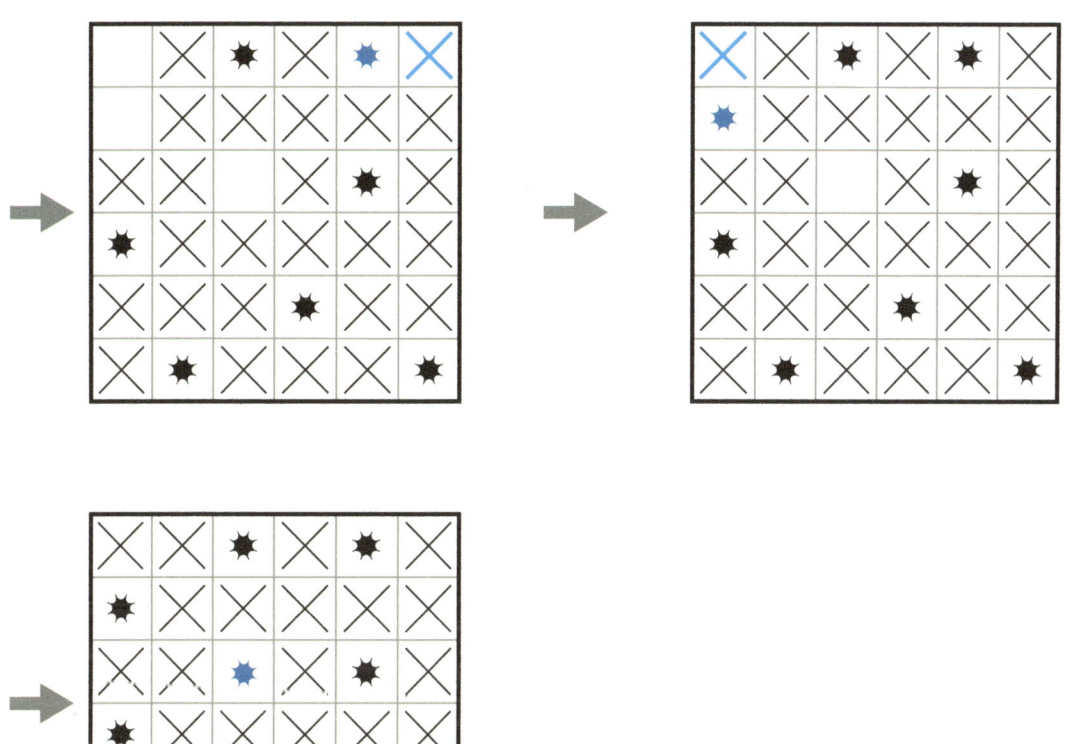

더이상 지뢰를 설치할 수 없어 게임이 끝났다.

지뢰 설치하기

아이와 함께 연필로 하는 수학 보드게임

차례 / 2권, 3권, 4권

차 례
님 게임

▶ 과일 먹기

▶ 뱀 종이띠 자르기

▶ 다섯 만들기

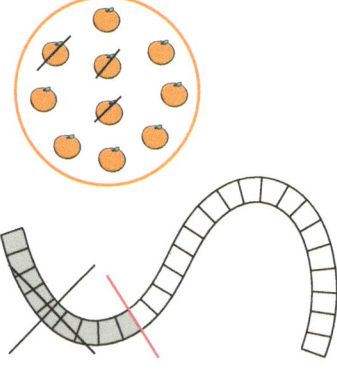

▶ 1, 2, 3 지우기

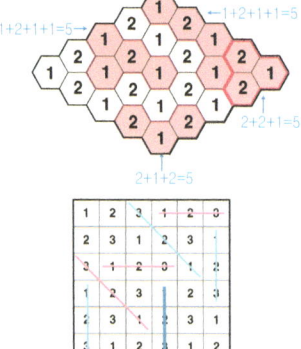

▶ 마지막 숫자

▶ 487원 만들기

채우기

▶ 도미노 덮기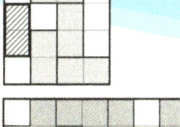

▶ 펜토미노 덮기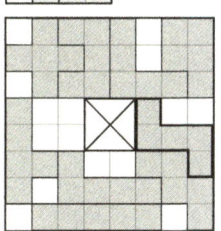

▶ 마름모 도미노 덮기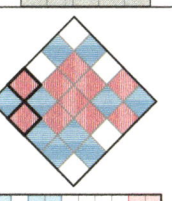

▶ 꼭짓점 잇기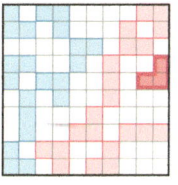

▶ 헥시아몬드 덮기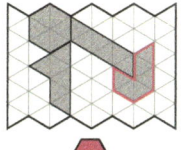

▶ 트리아몬드 놀이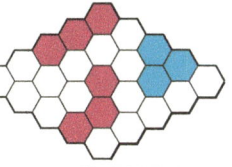

▶ 십자블록 깔기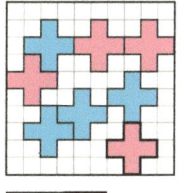

▶ 트리오미노 덮기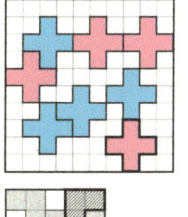

▶ 테트로미노 덮기

▶ 정육면체 전개도 덮기

▶ 같은 모양 찾기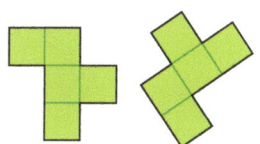

평면 나누기

▶ 삼각형 나누기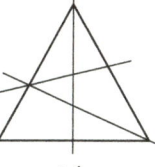

▶ 동그라미 나누기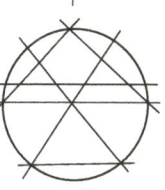

▶ 교차점 만들기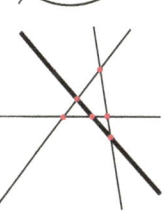

차례
논리 놀이

▶ 말(나이트)의 이동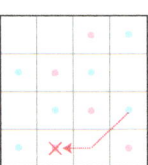

▶ 말의 이동과 틱택토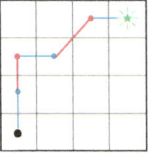

▶ 하늘의 별따기

▶ 모두 X 만들기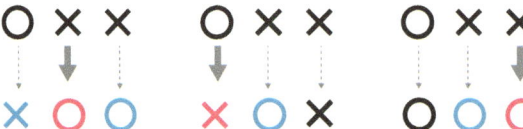

▶ 모두 X 만들기

▶ 4색 게임

수 놀이

▶ 15 만들기

▶ 숨겨진 숫자 맞추기

▶ 소수 찾기

▶ 10 만들기

▶ 세 수의 합

▶ 3의 배수로 삼각형 만들기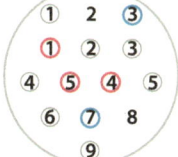

▶ 더해서 큰 수 만들기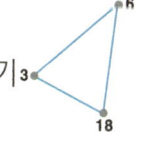

▶ 숫자 찾기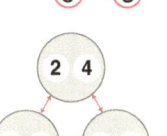

▶ 스도쿠 함정 만들기

▶ 약수 놀이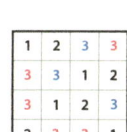

도형 놀이

▶ 상자 만들기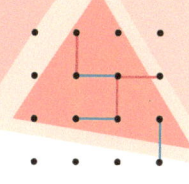

▶ 삼각형 상자 만들기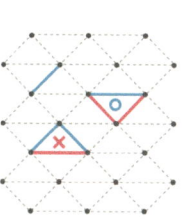

▶ 삼각형 만들기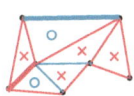

▶ 사각형 만들기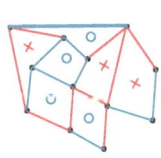

▶ 여러 가지 정사각형 만들기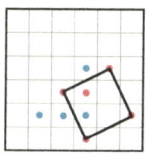

▶ 여러 가지 정사각형 안만들기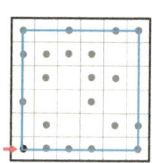

▶ 삼각형 그리기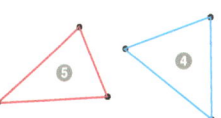

▶ 사각형 그리기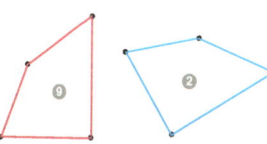

차례 전략 놀이

▶ 오목 만들기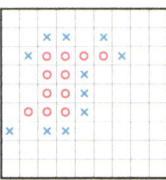

▶ 바둑 놀이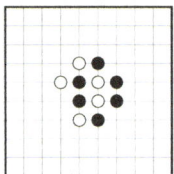

▶ 심 게임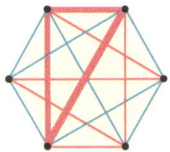

▶ 세포 분열

▶ 스피드 미로 찾기

▶ 자동차 여행(길 만들기)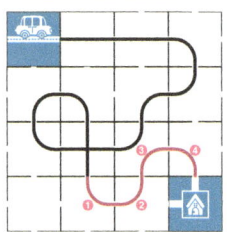

▶ 사다리 타기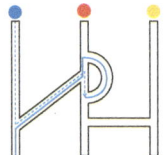

점 잇기

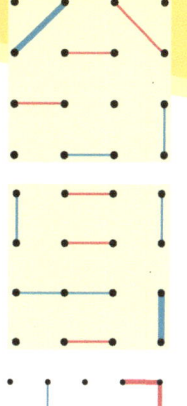

▶ 두 점 잇기

▶ 살금살금 점 잇기

▶ 세 점 잇기

▶ 십자 세점 잇기

▶ 막다른 길 만들기1

▶ 막다른 길 만들기2

▶ 좌충우돌 집찾기

▶ 테트로라인 잇기

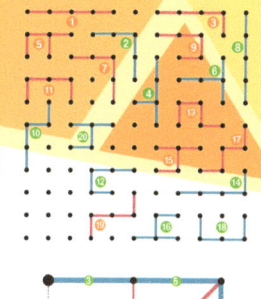

▶ 스위칭 게임

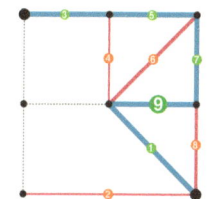

한글 게임

▶ 낱말 만들기

▶ 초성 놀이

▶ 끝말 잇기

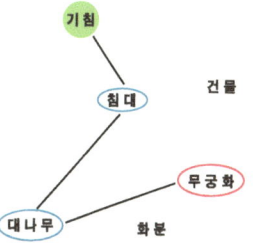

연필로 하는 수학 보드게임.1권

초판 발행일 : 2024년 8월 20일

지은이 : 한버공

펴낸 곳 : 청송문화사

　　　　　서울시 중구 수표로 2길 13

홈페이지 : www.kidzone.kr

전화 : 02-2279-5865

팩스 : 02-2279-5864

등록번호 : 2-2086 / 등록날짜 : 1995년 12월 14일

가격 : 22000원

잘못 인쇄된 책은 서점이나 본사에서 바꿔 드립니다.